FORMAL & LITTLE BLACK
DRESS

フォーマル&リトルブラックドレス

月居良子
文化出版局

いざというときのために、自分らしいフォーマルドレスを作っておきたいものです。
カジュアルな結婚式やちょっとしたパーティ、お食事会などに着られる、気軽なフォーマルドレスと
華やかな席と喪にも着られる、リトルブラックドレスをデザインしました。
また同じデザインでも布地を替えるだけでどちらの用途にも着られる工夫も紹介しています。
着たときのイメージを描きながら布地選びをするのは楽しいものです。
皆さんもお好きな布地でオンリーワンのドレスを作ってみませんか。

月居良子

Contents

a	Dress 4,34	n	Blouse+Skirt 19,62
b	Dress 5,36	o	Dress 20-21,64
c	Dress 6,38	p	Dress 22,66
d	Bolero 7,40	q	Combinaison 23,68
e	Dress 8-9,42	r	Blouse+Skirt 24,70
f	Dress 10,45	s	Dress 25,72
g	Bolero 11,46	t	Dress 26,74
h	Dress 12-13,48	u	Blouse+Skirt 27,76
i	Blouse+Skirt 14,51	v	Dress 28,79
j	Long skirt 15,53	w	Dress 29,80
k	Dress 16,55	x	Bolero 30-31,82
l	Dress 17,57	y	Dress 31-32,84
m	Dress 18,60	z	Long dress 30-31,86

a

Dress
page 34

布地／オカダヤ

b

Dress
page 36

布地／大塚屋

C | Dress page 38

d | Bolero page 40

c、dの布地／丸十

e / Dress page 42

布地／丸十

Bolero

page 46

布地／大塚屋

h

Dress
page 48

布地／プリント　丸十、黒　オカダヤ

· 1 Blouse+Skirt page 51

布地／丸十

j | Long skirt page 53

布地／大塚屋

k

Dress
page 55

布地／大塚屋

16

1

Dress page 57

布地／大塚屋

n

Blouse+Skirt

page 62

o | Dress page 64

布地／プリント 丸十、黒 大塚屋

p | Dress page 66

布地／スワニー

q | Combinaison
page 68

布地／丸十

S | Dress page 72

布地／大塚屋

t / Dress page 74

布地／丸十

26

u

Blouse+Skirt

page 76

布地／丸十

V

Dress page 79

布地／大塚屋

28

W

Dress

page 80

布地／スワニー

x / y / z | Bolero(x)+Long dress(z)

page
82
84
86

Long dress(z)

Bolero(x)+Dress(y)

x、y、zの布地／大塚屋

31

Dress(y)

how to make

サイズについて
この本の作品は7、9、11、13、15、17号の6サイズが作れます。
ご自分のサイズに合ったパターンを下記の参考寸法表から選んでください。
身長はすべて同じになっていますので、着丈は好みの長さに調節してください。
各作品の作り方ページに着丈のみ表示してありますので参考にしてください。
文中、図中の6つ並んだ数字は7、9、11、13、15、17号の順です。

材料について
本文の材料で数字が1つのものは7～17号まで共通の用尺になっています。
共布のバイアステープの長さは各サイズによって異なります。
裁ち方図の幅と裁つ位置を参考にし、衿ぐりや袖ぐりなど、
使用する場所の寸法をはかって長さを出してください。

裁ち方について
布の裁ち方はサイズによって配置が異なることがあります。
各作品の作り方ページに注意事項が書いてありますが、
まず、すべてのパターンを配置して確認してから裁断してください。
大きいサイズの場合は布地を開いて1枚ずつ配置するのも1つの方法です。

参考寸法表　　　　　　　　　　　　　　　　　　　　単位はcm

	7号	9号	11号	13号	15号	17号
バスト	78	83	88	93	98	103
ウエスト	59	64	69	74	80	86
ヒップ	86	90	94	98	104	110
身長	160	160	160	160	160	160

a チュールスカートを重ねたワンピース

実物大パターンA、B面

着丈
7号 113.5cm / 9号 114cm / 11号 114.5cm
13号 115cm / 15号 115.5cm / 17号 116cm

バックサテンシャンタンより少し濃いめのグレーのソフトチュールを4枚重ねて、ウエストで一緒に縫いとめています。11〜17号のアンダースカートは布幅が足りないため、前中心にはぎを入れて裁断します。

材料
布［バックサテンシャンタン］
　—112cm幅7、9号は2.8m、11〜17号は3.8m
　［ソフトチュール］— 188cm幅6.5m
接着芯（見返し）— 90cm幅50cm
伸止めテープ（ファスナー部分）— 1.5cm幅1.1m
コンシールファスナー — 56cm
かぎホック — 1組み

作り方
準備…見返しに接着芯をはる。
　　　後ろ中心の縫い代に伸止めテープをはる。
　　　後ろ身頃の脇、後ろ中心、アンダースカートの脇、後ろ中心、
　　　見返しの奥にM。

1　胸ダーツを縫う（上側に倒し、脇にM）。
　　ウエストダーツを縫う（中心側に倒す）
2　身頃と見返しの脇を縫う（縫い代は割る）
3　身頃と見返しを中表に合わせて衿ぐり、袖ぐりを縫い返す
4　身頃と見返しの肩をそれぞれ縫う（縫い代は割る）。
　　身頃と見返しの間から裏側に肩を引き出し、
　　衿ぐり、袖ぐりの縫い残し部分を縫う
5　アンダースカートの脇を縫う（縫い代は割る）
6　アンダースカートの後ろ中心のあき止りから裾までを縫う
　　（縫い代は割る）
7　アンダースカートの裾を三つ折りにして縫う
8　オーバースカートの脇を1枚ずつ縫う（縫い代は割る。4枚作る）。
9　オーバースカートの後ろ中心のあき止りから裾までを1枚ずつ縫う
　　（縫い代は割る）。後ろ中心のあきにステッチをかける
10　アンダースカートにギャザーを寄せ、オーバースカートは2枚ずつ
　　重ねて別々にギャザーを寄せてから重ね、身頃と縫い合わせる
　　（6枚一緒にM。縫い代は身頃側に倒す）
11　身頃とアンダースカートのファスナーつけ位置を粗ミシンで縫う
　　（縫い代は割る）。ファスナーをつける（p.58参照）。
　　見返しを仕上げる
12　かぎホックをつける（p.58参照）

＊Mは「縫い代にロックミシンまたはジグザグミシンをかける」の略

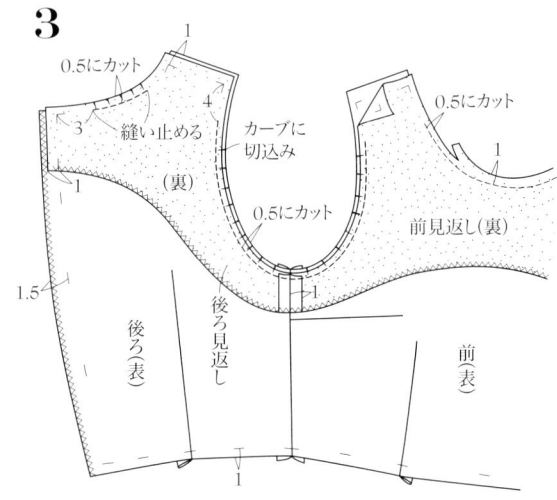

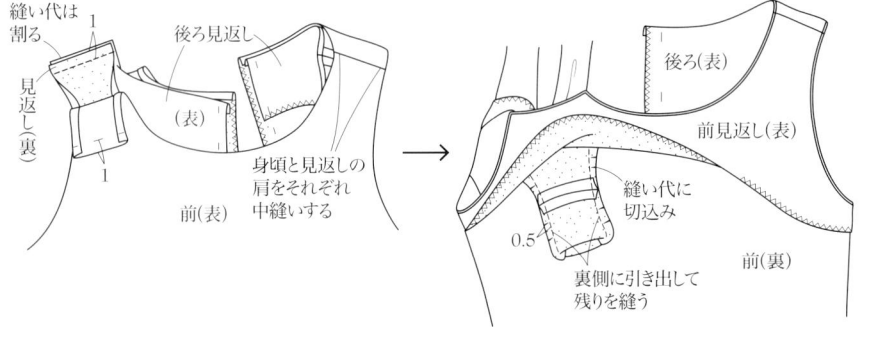

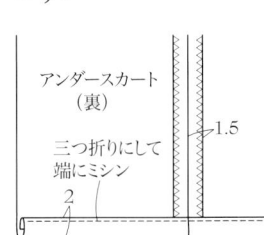

9

- 1ステッチ
- オーバースカート(裏)
- 裁切り
- 1.5
- 裾裁切り

＊同じものを4枚作る

10

- ギャザーミシン
- 0.3 0.8
- 1
- 2
- アンダースカート(表)
- オーバースカート(表)
- 0.3 0.8
- 1
- 2
- 2枚重ねてギャザーミシン
- オーバースカート(表)

↓

- 1.5
- 5枚重ねてしつけ
- アンダースカート(表)
- オーバースカート(表)

↓

- 後ろ(表)
- 前(裏)
- 6枚一緒にM
- 1
- 表側からミシン
- 0.5
- ファスナーはアンダースカートのみにつける

11

- 後ろ(裏)
- 0.5 控えて折る
- 後ろ(表)
- 残りを縫う
- 0.5
- 出来上りで折る
- 重ねる
- 0.5
- まつる
- 1.5
- 0.5
- 縫い代にまつる
- 表側からミシン

[裁ち方図・バックサテンシャンタン]
7、9号の場合
112cm幅

- 後ろ -1.5
- 前見返し わ 0
- 後ろ見返し 0
- 前 わ 1.5
- 後ろアンダースカート -1.5
  パターンを10cm延長する
  3
- 前アンダースカート -1.5
  パターンを14cm延長する
  3

＊□□は接着芯
＊指定以外の縫い代は1

[裁ち方図・ソフトチュール]
188cm幅

＊前と後ろのオーバースカートは4枚ずつ裁つ

- 後ろオーバースカート 1.5
  パターンを12cm延長する
  0
- 後ろオーバースカート 1.5
  パターンを12cm延長する
  0
- 前オーバースカート 1.5
  パターンを16cm延長する わ
  0
- 前オーバースカート 1.5
  パターンを16cm延長する わ
  0

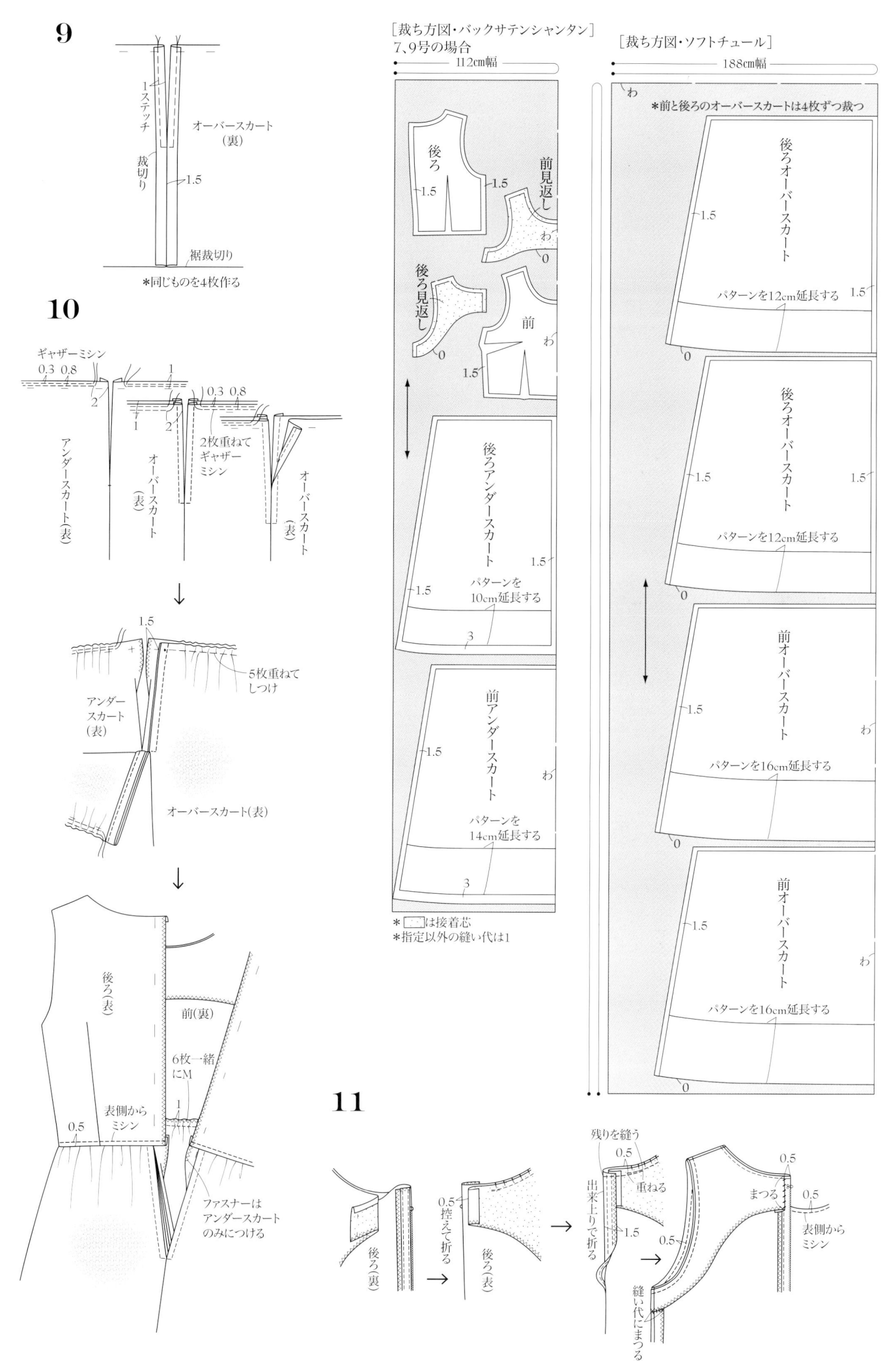

b 黒いレースのワンピース

実物大パターンA、B面

着丈
7号 97.5cm / 9号 98cm / 11号 98.5cm
13号 99cm / 15号 99.5cm / 17号 100cm

身頃はポリエステルデシンで裏打ちをし、スカートはポリエステルデシンとレースの2枚重ねで、薄いグレーの地が上品な透け感を演出しています。レースの脇は柄を合わせると、1段上質な仕上りになります。表布、裏布とも11〜17号のスカートは布幅が足りないため、前中心にはぎを入れて裁断します。

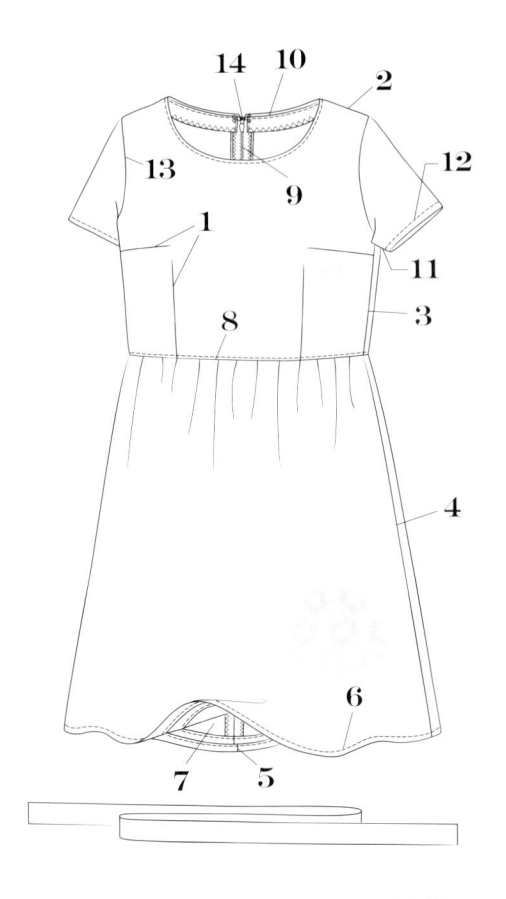

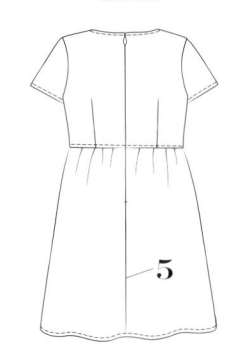

材料

表布［ラッセルレース］
　— 110cm幅7、9号は2.6m、11〜17号は4m
裏打ち布、裏布［ポリエステルデシン］
　— 112cm幅7、9号は2.5m、11〜17号は3.9m
接着芯（衿ぐり見返し）— 90cm幅30cm
コンシールファスナー — 56cm
かぎホック — 1組み
グログランリボン — 2.5cm幅160 / 165 / 170 / 175 / 180 / 185cm

作り方

準備…身頃のレースと裏打ち布を重ねてなじませ、しつけでとめる。
　　　身頃の肩、後ろ脇、後ろ中心に2枚一緒にM。
　　　表スカート、裏スカートの脇、後ろ中心（耳の場合はなし）にM。
　　　衿ぐり見返しに接着芯をはり、見返しの奥にM。

1　胸ダーツを縫う（上側に倒し、脇にM）。
　　ウエストダーツを縫う（中心側に倒す）
2　身頃の肩を縫う（縫い代は割る）
3　身頃の脇を縫う（縫い代は割る）
4　表スカートの脇を縫う（縫い代は割る）
5　表スカートの後ろ中心のあき止りから裾までを縫う
　　（縫い代は割る）
6　表スカートの裾を三つ折りにして縫う
7　裏スカートを表スカートと同様に縫う
8　表、裏スカートを重ねて2枚一緒にギャザーを寄せる。
　　身頃とスカートのウエストを縫い合わせる
　　（4枚一緒にM。縫い代は身頃側に倒す）
9　ファスナーつけ位置を粗ミシンで縫う（縫い代は割る）。
　　表裏2枚一緒にファスナーをつける（p.58参照）
10　衿ぐり見返しの肩を縫い（縫い代は割る）、
　　身頃と中表に合わせて縫い返す（p.58参照）
11　袖下を縫う（2枚一緒にM。縫い代は後ろ側に倒す）
12　袖口を三つ折りにして縫う
13　袖をつける（3枚一緒にM。縫い代は袖側に倒す）（p.58参照）
14　肩の縫い代に見返しの奥をまつりつける。両脇、
　　後ろ中心の裾に糸ループをつける（p.67参照）。
　　かぎホックをつける（p.58参照）

＊Mは「縫い代にロックミシンまたはジグザグミシンをかける」の略

B.S.

準備

2枚一緒にM
合い印は縫い印にする
2枚をなじませて表側から出来上り線より外側にしつけでとめる

レース（表）
裏打ち布（表）

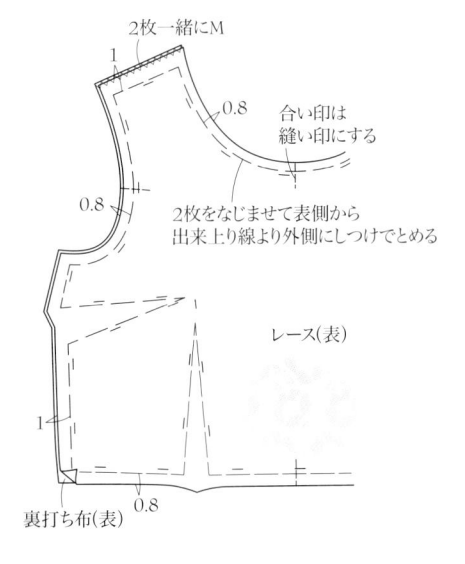

5, 6, 7

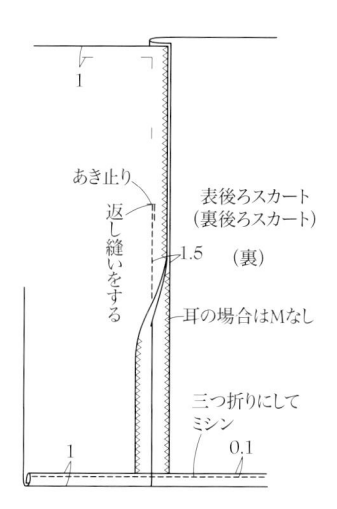

8

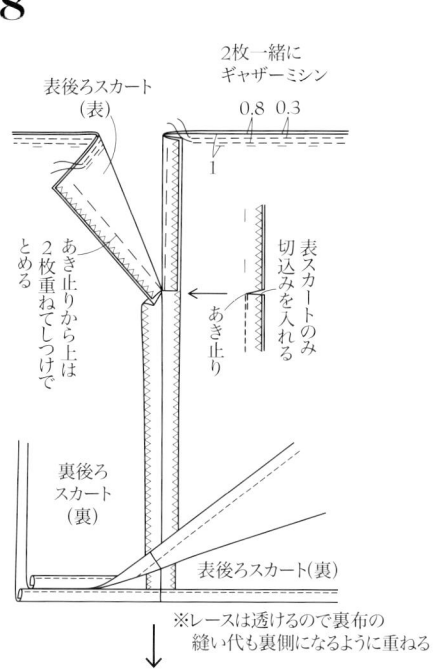

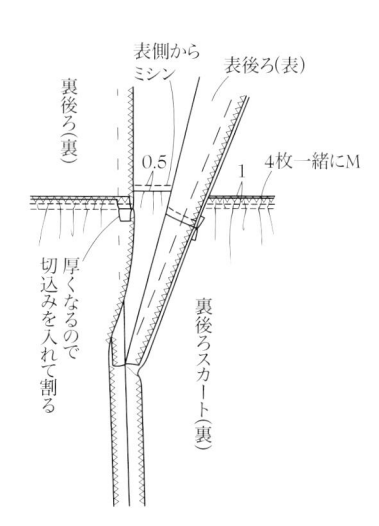

[裁ち方・ラッセルレース]
7,9号の場合
110cm幅

前脇と高さをそろえる
前に合わせる

後ろ 1.2 / 1.5 / 1.2
袖 2
前 1.2 / 1.2
袖 2
後ろスカート 1.5 / 1.2 / 2
前スカート 1.2 / 2

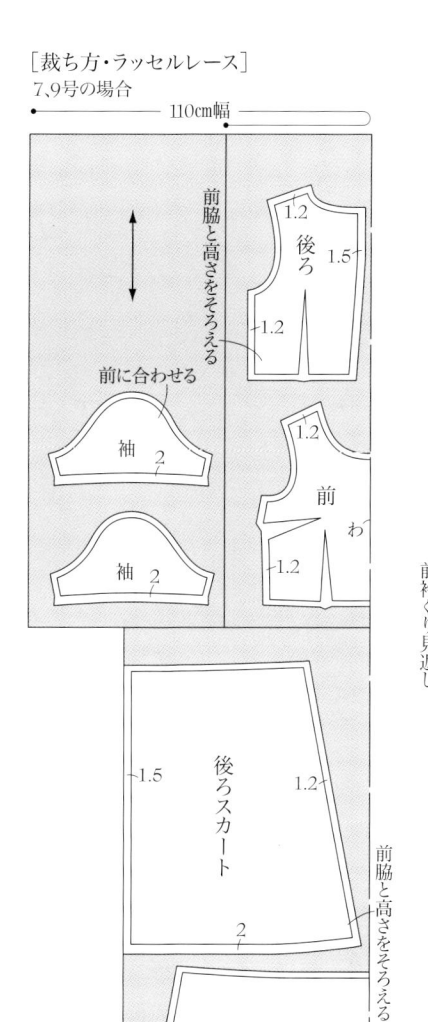

[裁ち方・ポリエステルデシン]
7,9号の場合
112cm幅

後ろ衿ぐり見返し 1.5 / 0
前衿ぐり見返し 0
後ろ 1.2 / 1.5 / 1.2
前 1.2 / 1.2 / わ
後ろスカート 1.5 / 1.2 / 2
前スカート 1.2 / 2 / わ

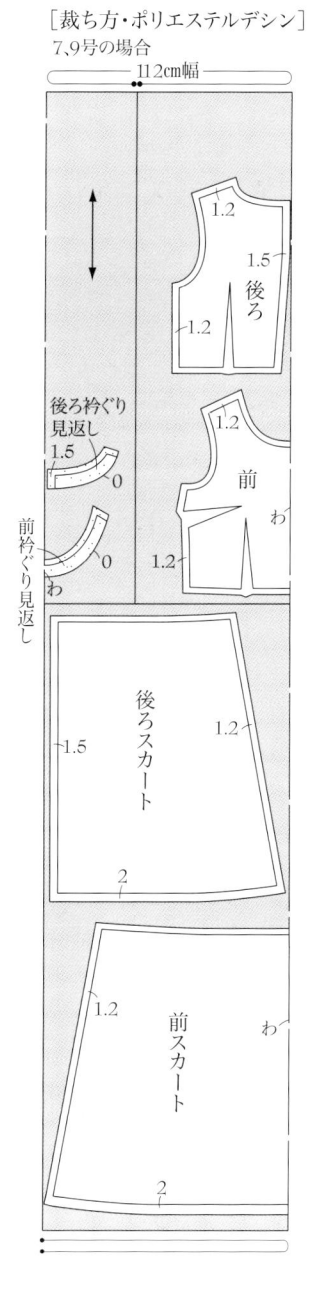

＊ ▨ は接着芯
＊指定以外の縫い代は1

10

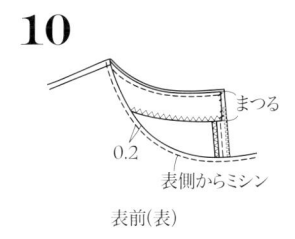

11, 12

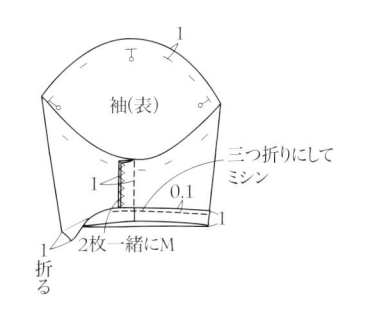

14

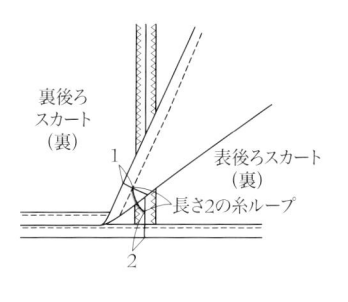

C 黒のノースリーブワンピース

実物大パターンA、B、D面

着丈
7号 101.5cm / 9号 102cm / 11号 102.5cm
13号 103cm / 15号 103.5cm / 17号 104cm

ポリエステルジョーゼットはしわになりにくく、さらっとした肌触りの布地です。一枚仕立てで、下にアンダードレスを合わせています。黒のアンダードレスは一枚作っておくと便利です。11～17号のワンピースはスカートの横で身頃が裁てないので、スカートの上で裁断します。110cm幅の布地を使用する場合は2.8m必要になります。

材料

ワンピース
布［ポリエステルジョーゼット］
　― 145cm幅 7、9号は1.8m、11～17号は2.2m
接着芯（衿ぐり見返し、袖ぐり見返し）― 90cm幅30cm
アンダードレス
裏布 ― 94cm幅2.5m

作り方

準備…衿ぐり見返し、袖ぐり見返しに接着芯をはる。
　　　身頃の肩、後ろ身頃の脇、スカートの脇、裾、各見返しの奥にM。

ワンピース
1　胸ダーツを縫う（上側に倒し、脇にM）
2　身頃の肩を縫う（縫い代は割る）
3　身頃の脇を縫う（縫い代は割る）
4　衿ぐり見返しの肩を縫い（縫い代は割る）、
　　身頃と中表に合わせて縫い返す
5　袖ぐり見返しの肩と脇を縫い（縫い代は割る）、
　　身頃と中表に合わせて縫い返す。
　　身頃の肩と脇の縫い代に見返しの奥をまつる
6　スカートのウエストにギャザーを寄せて脇を縫う（縫い代は割る）
7　裾を二つ折りにして縫う
8　身頃とスカートを縫い合わせる
　　（2枚一緒にM。縫い代は身頃側に倒す）

アンダードレス
1　肩ひもを作る
2　脇を縫う（2枚一緒にM。縫い代は後ろ側に倒す）
3　裾を三つ折りにして縫う
4　見返しの奥にMをかけて脇を縫う
　　（2枚一緒にM。縫い代は後ろ側に倒す）。
　　肩ひもを身頃と見返しの間にはさんで縫い返す。
　　身頃と見返しの脇の縫い代を重ねてミシンでとめる

＊Mは「縫い代にロックミシンまたはジグザグミシンをかける」の略

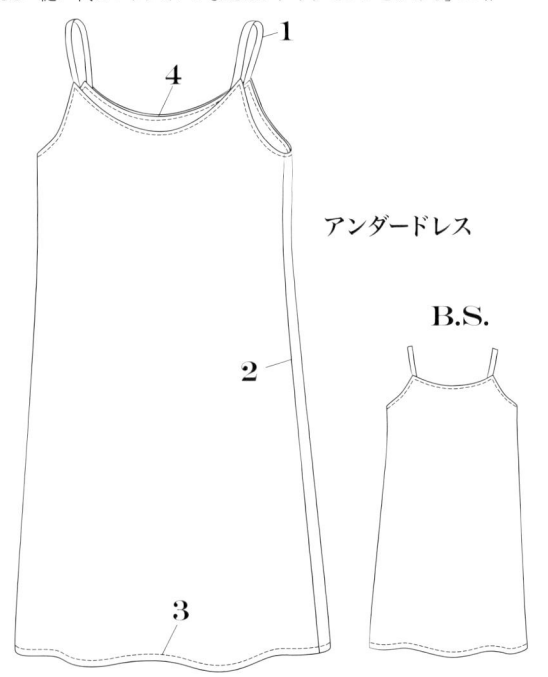

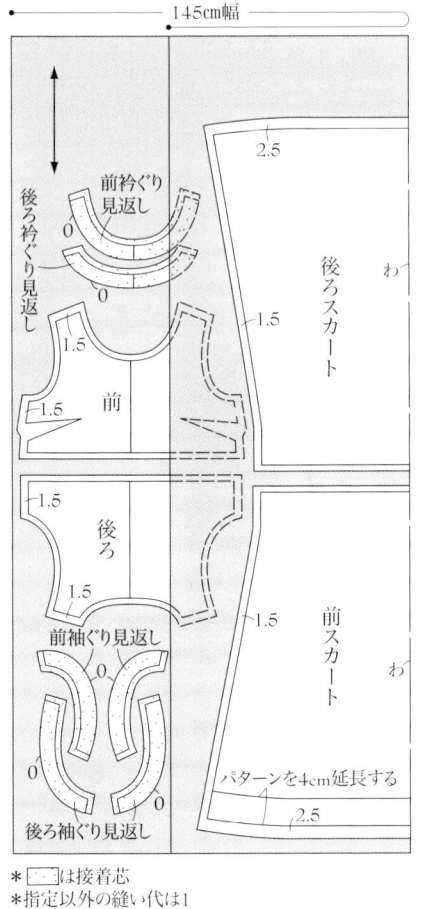

ワンピース

1,2,3

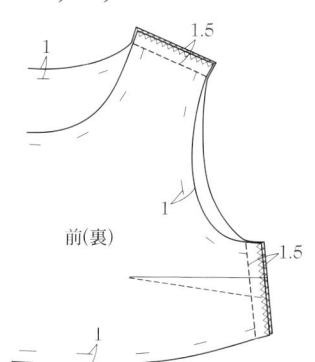

1.5 / 1 / 1 / 1.5 / 1
前(裏)

4,5

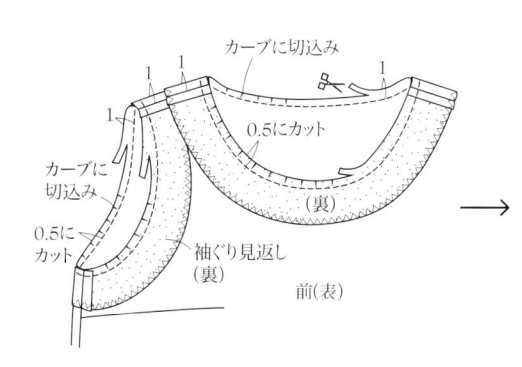

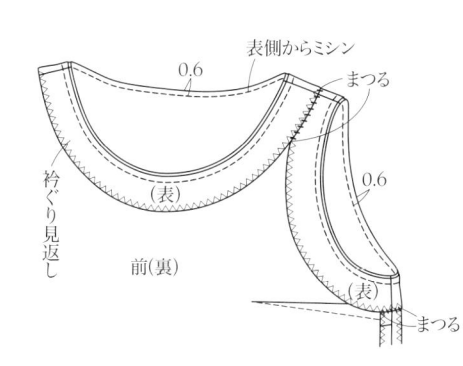

カーブに切込み
0.5にカット
1
カーブに切込み
0.5にカット
袖ぐり見返し(裏)
前(表)

表側からミシン
0.6
まつる
衿ぐり見返し
0.6
前(裏)
(表)
まつる

6,7

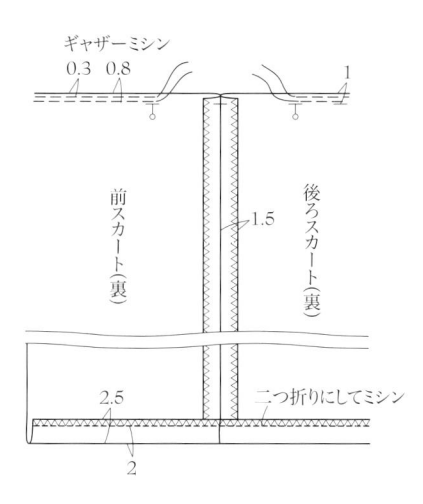

ギャザーミシン
0.3　0.8　　1
前スカート(裏)　1.5　後ろスカート(裏)
二つ折りにしてミシン
2.5
2

8

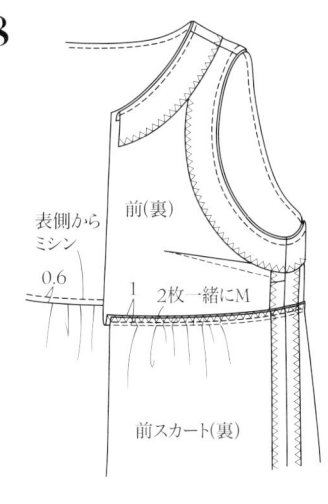

前(裏)
表側からミシン
0.6　1　2枚一緒にM
前スカート(裏)

アンダードレス

1

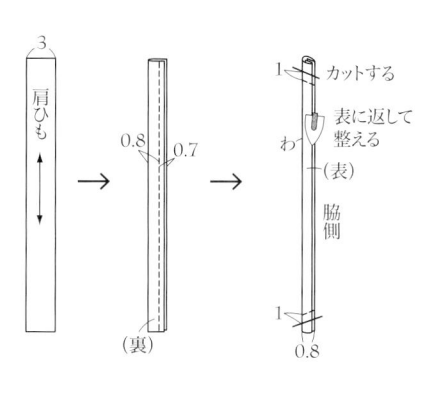

3
肩ひも
0.8　0.7
(裏)
1　カットする
表に返して整える
わ
(表)
脇側
1
0.8

2

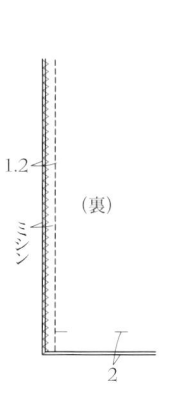

1.2
(裏)
ミシン
2

3

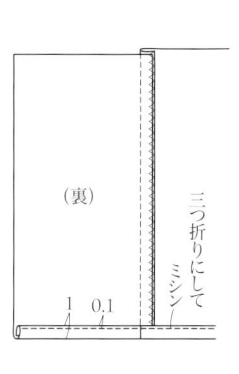

(裏)
三つ折りにしてミシン
1　0.1

4

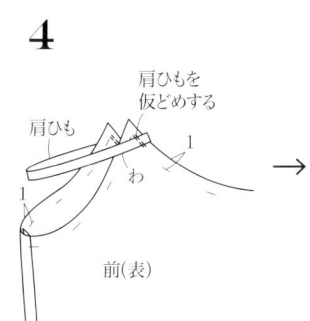

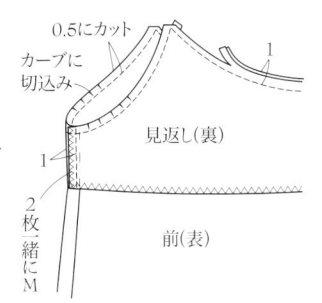

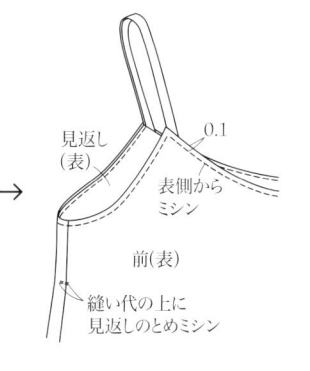

肩ひもを仮どめする
肩ひも
1
わ
前(表)

0.5にカット
カーブに切込み
1
1
見返し(裏)
2枚一緒にM
前(表)

見返し(表)
0.1
表側からミシン
前(表)
縫い代の上に見返しのとめミシン

d ケープ袖のボレロ

実物大パターンC、D面

着丈
7号 41.5cm / 9号 42cm / 11号 42.5cm
13号 43cm / 15号 43.5cm / 17号 44cm

cのワンピースとおそろいの布地で作ったボレロです。セットで作れば腕が出ないので、夏の喪服としても重宝します。身頃に縫いとめるだけの簡単な袖は風が抜けるので涼しく、着やすいデザインです。110cm幅の布地を使用する場合は2.5m必要になります。

材料

布［ポリエステルジョーゼット］— 145cm幅1.8m
接着芯（見返し）— 90cm幅60cm
テトロンバイアステープ（袖ぐり）
　— 12.7mm幅7〜11号は1.3m、13〜17号は1.5m

作り方

準備…前見返し、後ろ衿ぐり見返しに接着芯をはる。
　　　身頃の肩、脇、後ろ裾、各見返しの奥にM。

1　身頃の肩を縫う（縫い代は割る）
2　見返しの肩を縫い（縫い代は割る）、
　　身頃と中表に合わせて縫い返す
3　脇を縫う（縫い代は割る）
4　後ろ裾を二つ折りにして縫い、前端にステッチをかける
5　袖ぐりをバイアステープで始末する
6　ケープ袖の端を二つ折りにして縫う
7　ケープ袖のつけ側を出来上りに折って
　　つけ止りまでステッチをかける
8　身頃にケープ袖をのせてステッチでとめる

＊Mは「縫い代にロックミシンまたはジグザグミシンをかける」の略

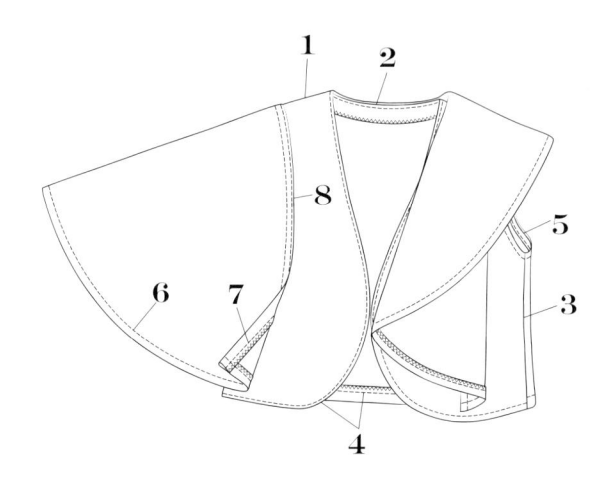

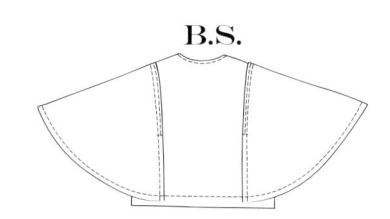

［裁ち方図・ポリエステルジョーゼット］

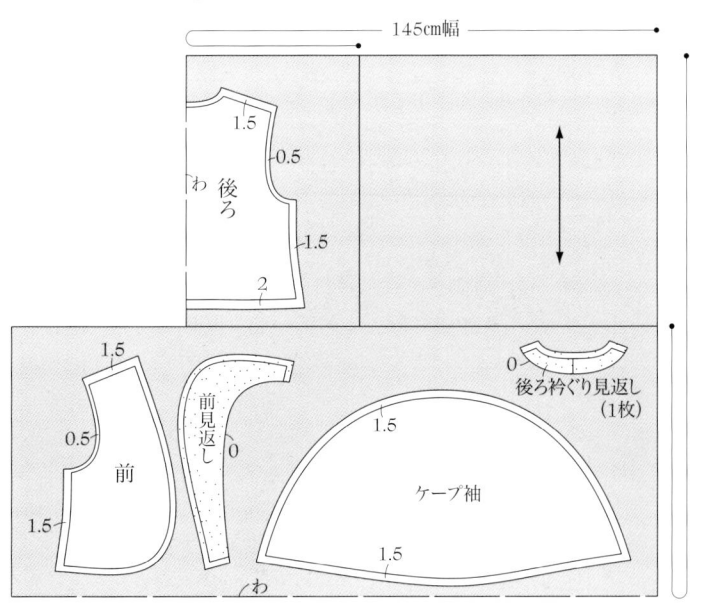

＊ □ は接着芯
＊指定以外の縫い代は1

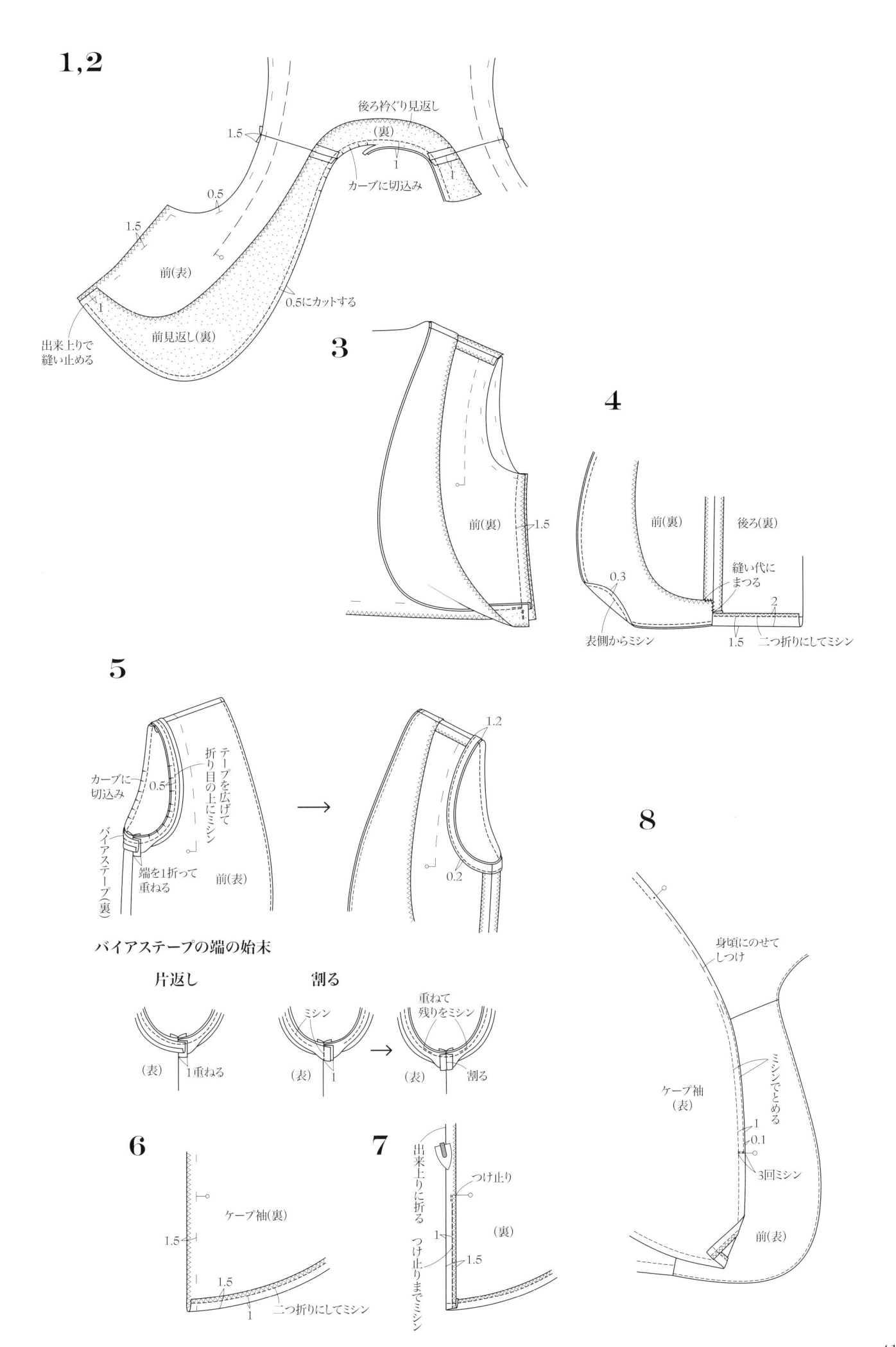

1, 2

- 後ろ衿ぐり見返し（裏）
- 1.5
- 0.5
- 1.5
- カーブに切込み
- 1
- 1.5
- 前（表）
- 0.5にカットする
- 前見返し（裏）
- 1
- 出来上りで縫い止める

3

- 前（裏）
- 1.5

4

- 前（裏）
- 後ろ（裏）
- 縫い代にまつる
- 0.3
- 表側からミシン
- 1.5
- 2
- 二つ折りにしてミシン

5

- カーブに切込み
- テープを広げて折り目の上にミシン
- 0.5
- バイアステープ（裏）
- 端を1折って重ねる
- 前（表）
- 1.2
- 0.2

バイアステープの端の始末

片返し
- （表）
- 1 重ねる

割る
- ミシン
- （表）
- 1
- 重ねて残りをミシン
- （表）
- 割る

6

- ケープ袖（裏）
- 1.5
- 1.5
- 1
- 二つ折りにしてミシン

7

- 出来上りに折る
- つけ止り
- （裏）
- 1
- 1.5
- つけ止りまでミシン

8

- 身頃にのせてしつけ
- ミシンでとめる
- ケープ袖（表）
- 1
- 0.1
- 3回ミシン
- 前（表）

e 衿ぐりギャザーの ノースリーブワンピース

実物大パターンA、B面

着丈
7号 90.5cm / 9号 91cm / 11号 91.5cm
13号 92cm / 15号 92.5cm / 17号 93cm

材料
表布［シルクストライプシフォン］— 110cm幅2.5m
裏布 — 94cm幅7〜13号は2.1m、15、17号は2.6m
接着芯（衿ぐり見返し、表身頃スラッシュ位置）— 90cm幅20cm
かぎホック — 1組み

作り方
準備…衿ぐり見返しに接着芯をはり、見返しの奥にM。

1. 表身頃の脇を縫う（2枚一緒にM。縫い代は後ろ側に倒す）
2. 表身頃の裾を三つ折りにして縫う
3. 表身頃の肩を縫う（縫い代は後ろ側に倒す）
4. 裏身頃の脇を縫う（2枚一緒にM。縫い代は前に倒す）。肩のみ外表にして縫う（縫い代は前側に倒す）
5. 表身頃の表と裏身頃の裏を合わせて後ろあきのスラッシュを縫い返す
6. 表身頃（裏）と裏身頃（表）を合わせて重ね、袖ぐりをしつけでとめ、バイアステープ（共布）で始末する（テープのはぎ方はp.41参照）
7. 衿ぐり見返しの肩を縫う（縫い代は割る）。身頃の衿ぐりは2枚一緒にギャザーを寄せ、衿ぐり見返しと中表に合わせて縫い返す。衿ぐり見返しの奥を裏身頃の肩と前中心にまつりつける
8. リボンを作って後ろ衿ぐりに縫いつける
9. 裾に糸ループをつける（p.67参照）
10. かぎホックをつける

＊Mは「縫い代にロックミシンまたはジグザグミシンをかける」の略

表布と裏布を別々に作り、衿ぐりと袖ぐりのみを一緒に縫いとめます。同系色の裏布の上に重ねたシルクストライプシフォンの透け感が美しいワンピースです。
15、17号の裏布は前後中心にはぎを入れて裁ちます。

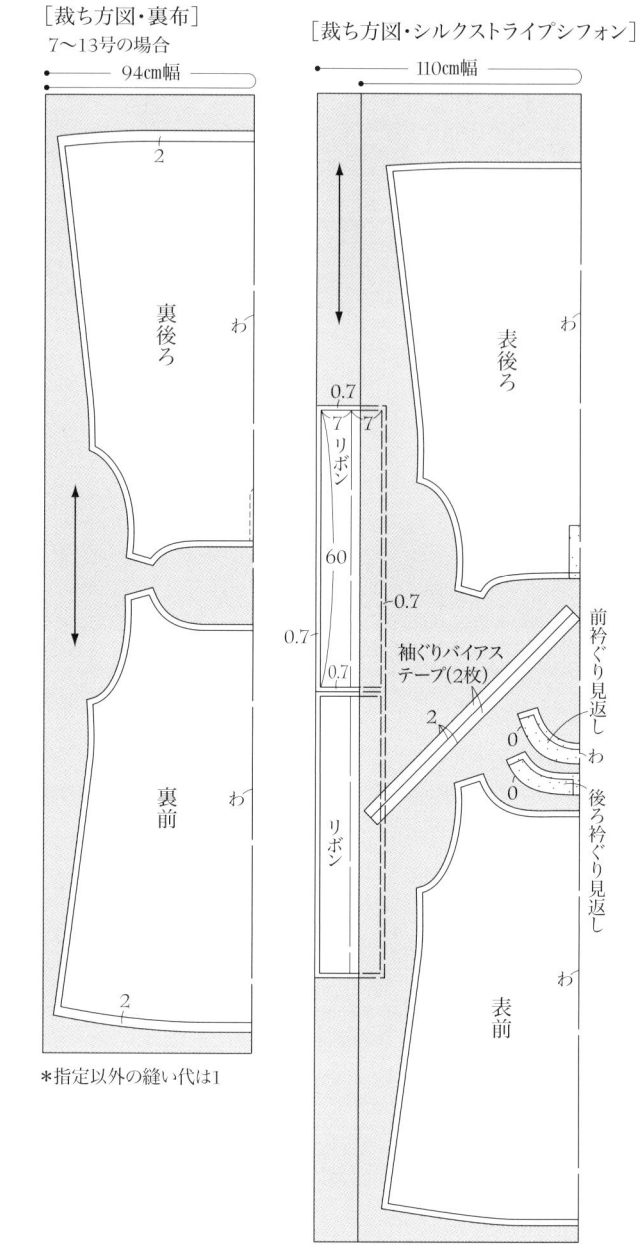

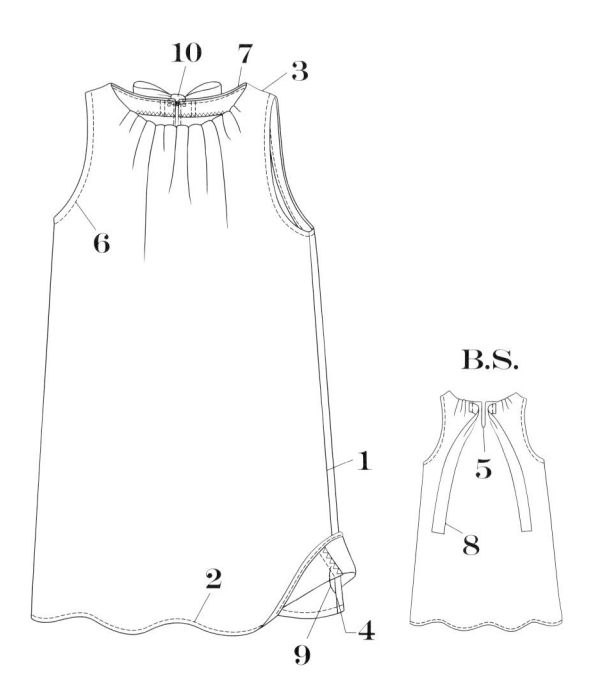

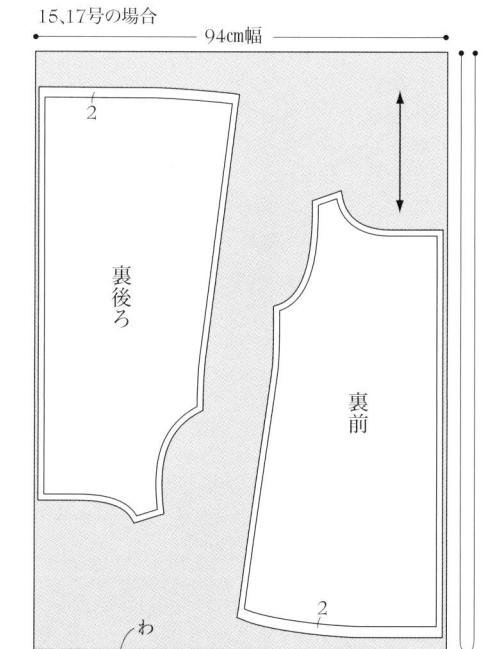

［裁ち方図・裏布］ 7〜13号の場合 94cm幅

［裁ち方図・シルクストライプシフォン］ 110cm幅

＊指定以外の縫い代は1

［裁ち方図・裏布］ 15、17号の場合 94cm幅

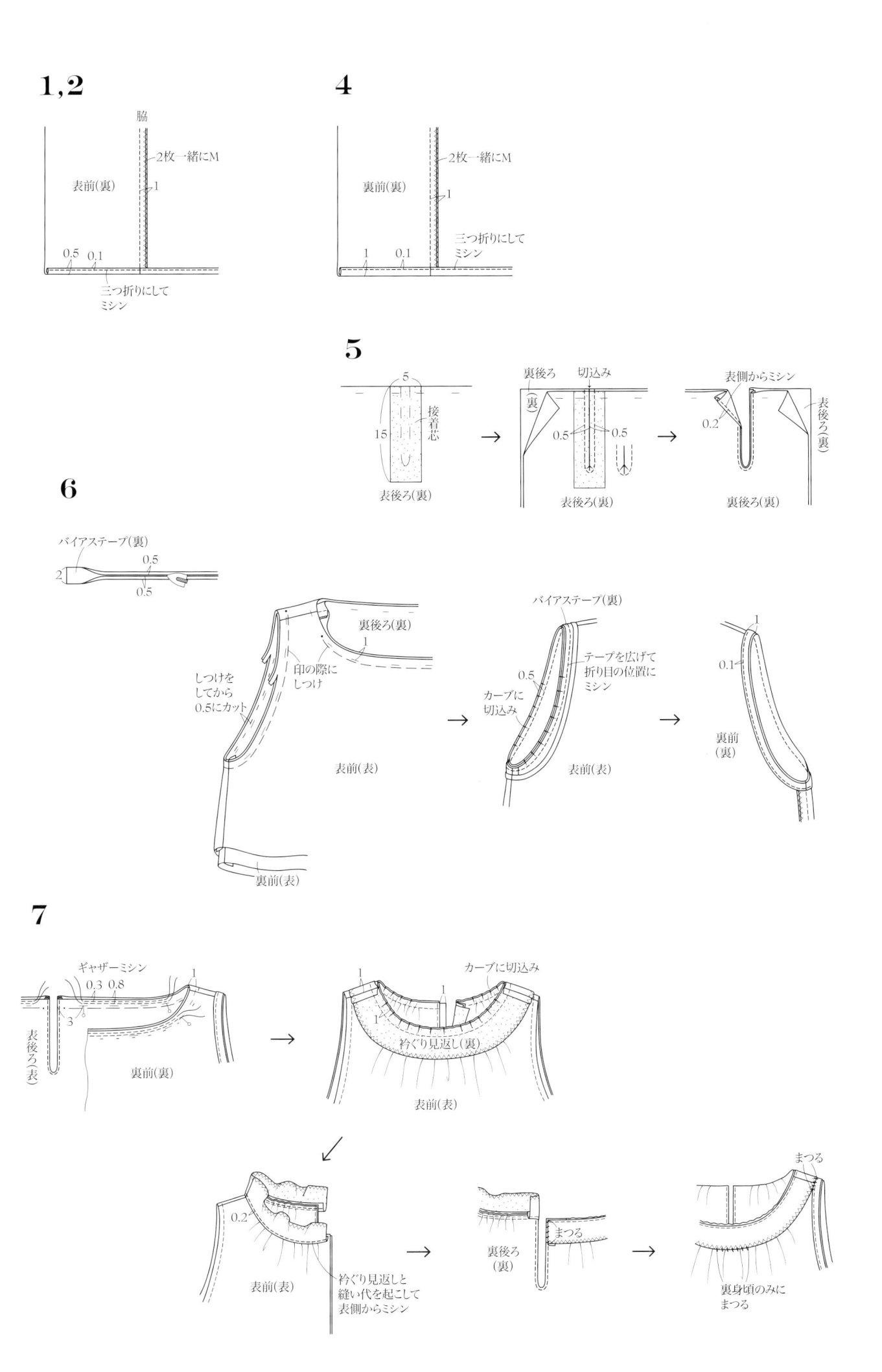

1, 2

脇
2枚一緒にM
表前(裏)
1
0.5　0.1
三つ折りにしてミシン

4

脇
2枚一緒にM
裏前(裏)
1
1　0.1
三つ折りにしてミシン

5

5
15
接着芯
表後ろ(裏)

→

裏後ろ(裏)
切込み
0.5　0.5
表後ろ(裏)

→

表側からミシン
0.2
裏後ろ(裏)
表後ろ(裏)

6

バイアステープ(裏)
2
0.5
0.5

しつけをしてから0.5にカット
印の際にしつけ
裏後ろ(裏)
1
表前(表)
裏前(表)

→

バイアステープ(裏)
テープを広げて折り目の位置にミシン
0.5
カーブに切込み
表前(表)

→

1
0.1
裏前(裏)

7

ギャザーミシン
0.3　0.8
1
3
表後ろ(表)
裏前(裏)

→

1
カーブに切込み
1
衿ぐり見返し(裏)
表前(表)

↓

0.2
表前(表)
衿ぐり見返しと縫い代を起こして表側からミシン

→

裏後ろ(裏)
まつる

→

まつる
裏身頃のみにまつる

8

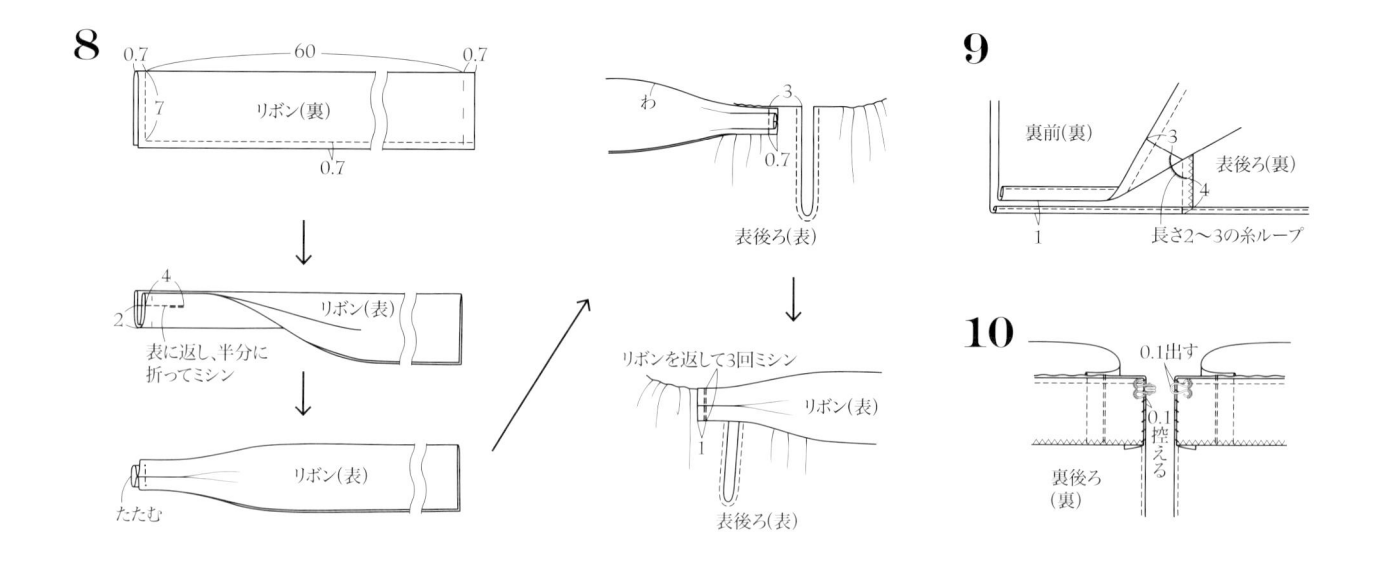

- 0.7 — 60 — 0.7
- 7
- リボン(裏)
- 0.7
- ↓
- 4
- 2
- 表に返し、半分に折ってミシン
- リボン(表)
- たたむ
- リボン(表)

- わ
- 3
- 0.7
- 表後ろ(表)
- ↓
- リボンを返して3回ミシン
- リボン(表)
- 1
- 表後ろ(表)

9

- 裏前(裏)
- 3
- 表後ろ(裏)
- 4
- 1
- 長さ2〜3の糸ループ

10

- 0.1出す
- 0.1控える
- 裏後ろ(裏)

2

- カーブに切込み
- 0.5にカット
- 1
- 1
- 前(表)
- 衿ぐり見返し(裏)
- →
- 0.2
- 表側からミシン
- 前(表)

3

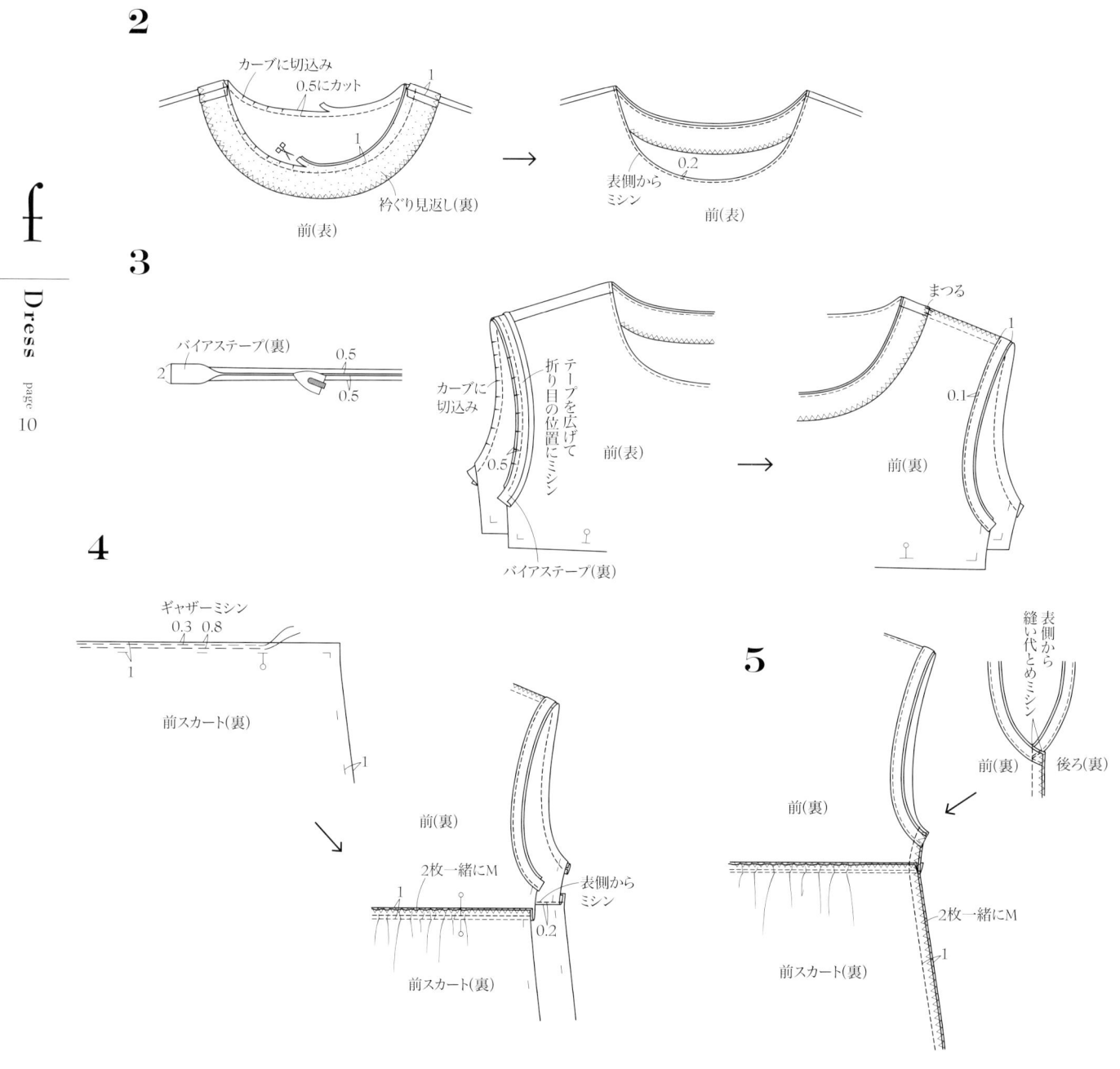

- バイアステープ(裏)
- 2
- 0.5
- 0.5
- カーブに切込み
- 0.5
- テープを広げて折り目の位置にミシン
- 前(表)
- バイアステープ(裏)
- →
- まつる
- 1
- 0.1
- 前(裏)

4

- ギャザーミシン
- 0.3 0.8
- 1
- 前スカート(裏)
- 1
- ↓
- 前(裏)
- 2枚一緒にM
- 1
- 表側からミシン
- 0.2
- 前スカート(裏)

5

- 表側から縫い代とめミシン
- 前(裏) 後ろ(裏)
- ↙
- 前(裏)
- 2枚一緒にM
- 1
- 前スカート(裏)

f | Dress page 10

f フレンチスリーブの
　ワンピース

実物大パターンC、D面

着丈
7号 98cm / 9号 98.5cm / 11号 99cm
13号 99.5cm / 15号 100cm / 17号 100.5cm

普通のシャンタンより筋がはっきりして少し張りが強いCDシャンタンは表裏関係なく使えるので、光沢の好きなほうを選んで使用しましょう。

材料

布 [CDシャンタン] ― 110cm幅2.6m
接着芯 (衿ぐり見返し) ― 90cm幅30cm

作り方

準備…衿ぐり見返しに接着芯をはる。
　　　スカートの裾、見返しの奥にM。

1. 身頃の肩を縫う (2枚一緒にM。縫い代は後ろ側に倒す)
2. 衿ぐり見返しの肩を縫い (縫い代は割る)、
   身頃と中表に合わせて縫い返す
3. 袖ぐりをバイアステープ (共布) で始末する
4. スカートのウエストにギャザーを寄せて身頃と縫い合わせる
   (2枚一緒にM。縫い代は身頃側に倒す)
5. 脇を縫う (2枚一緒にM。縫い代は後ろ側に倒す)
6. 裾を二つ折りにして縫う

＊Mは「縫い代にロックミシンまたはジグザグミシンをかける」の略
＊作り方は→p.44

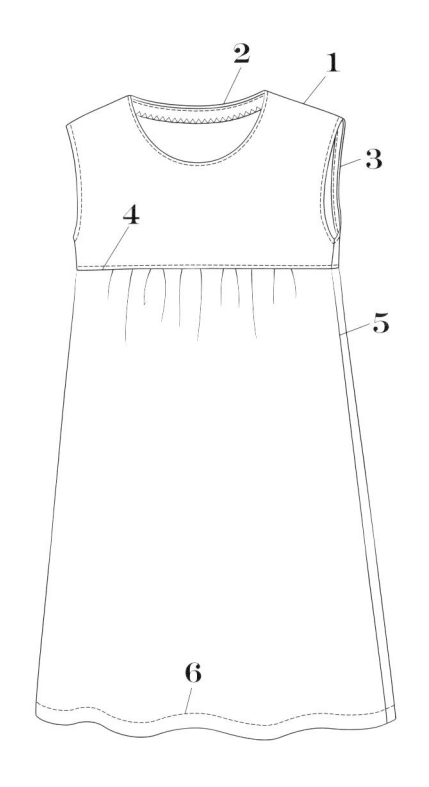

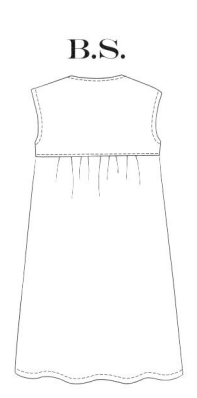

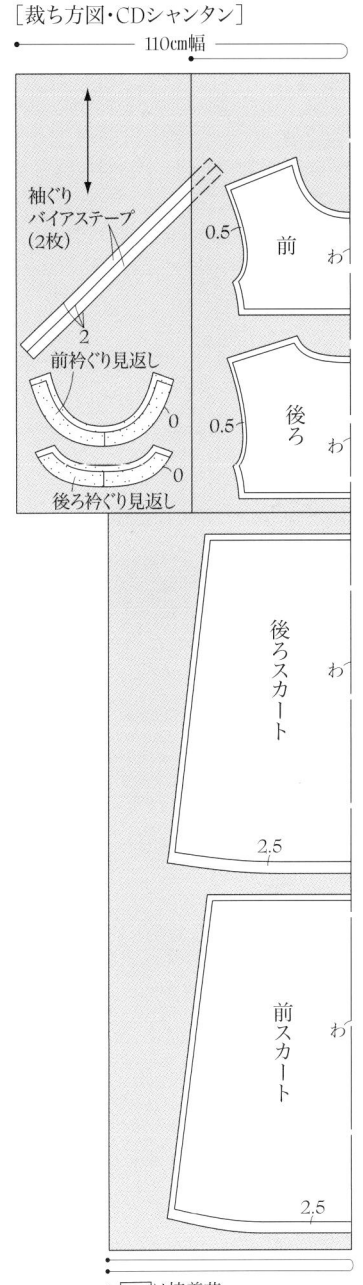

[裁ち方図・CDシャンタン]

＊□は接着芯
＊指定以外の縫い代は1

g レースのボレロ

実物大パターンC、D面

着丈
7号 49.5cm / 9号 50cm / 11号 50.5cm
13号 51cm / 15号 51.5cm / 17号 52cm

レースのボレロは軽やかな印象になるので、夏に一枚作っておくと重宝します。ここではfのワンピースに合わせて着ていますが、いろいろな服に合わせやすいデザインなので、黒以外で作ってもいいでしょう。

材料

布［ラッセルレース］— 110cm幅1.9m
テトロンバイアステープ（衿ぐり）
　— 12.7mm幅7〜11号は70cm、13〜17号は80cm

作り方

1. 身頃にギャザーを寄せてヨークと縫い合わせる
　（2枚一緒にM。縫い代はヨーク側に倒す）
2. 肩を縫う（2枚一緒にM。縫い代は後ろ側に倒す）
3. 脇を縫う（2枚一緒にM。縫い代は後ろ側に倒す）
4. 衿ぐりをバイアステープで始末する
5. 前端を三つ折りにして縫う
6. 裾を三つ折りにして縫う
7. 袖下を縫う（2枚一緒にM。縫い代は後ろ側に倒す）
8. 袖口を三つ折りにして縫う
9. 袖をつける（2枚一緒にM。縫い代は袖側に倒す）

＊Mは「縫い代にロックミシンまたはジグザグミシンをかける」の略

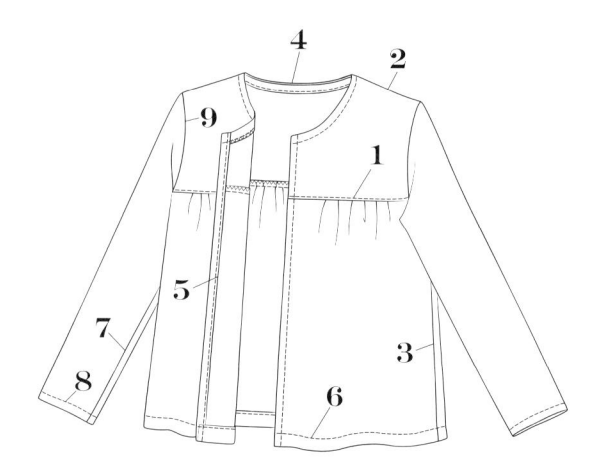

［裁ち方図・ラッセルレース］

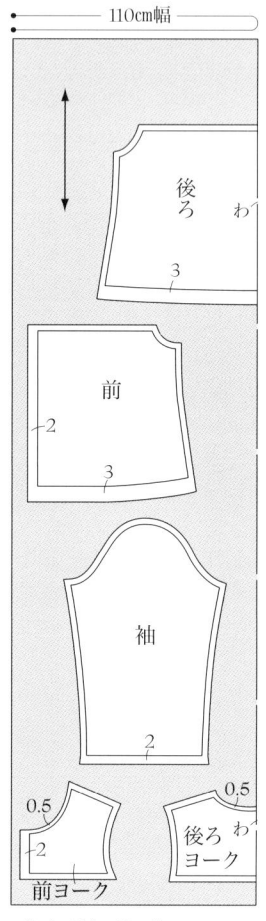

＊指定以外の縫い代は1

B.S.

1

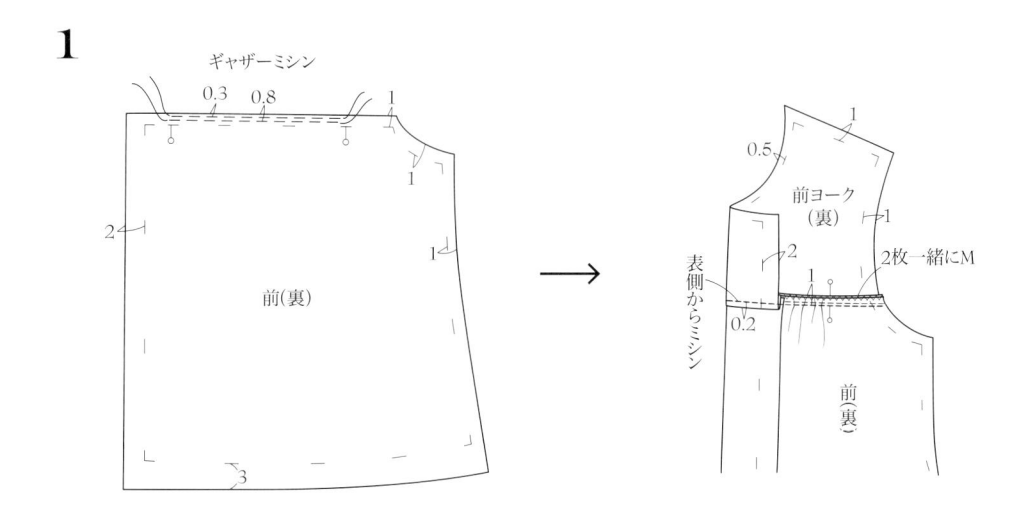

ギャザーミシン
0.3　0.8
1
0.5
1
前ヨーク(裏)
2枚一緒にM
表側からミシン
0.2
前(裏)
2
1
前(裏)
3

4

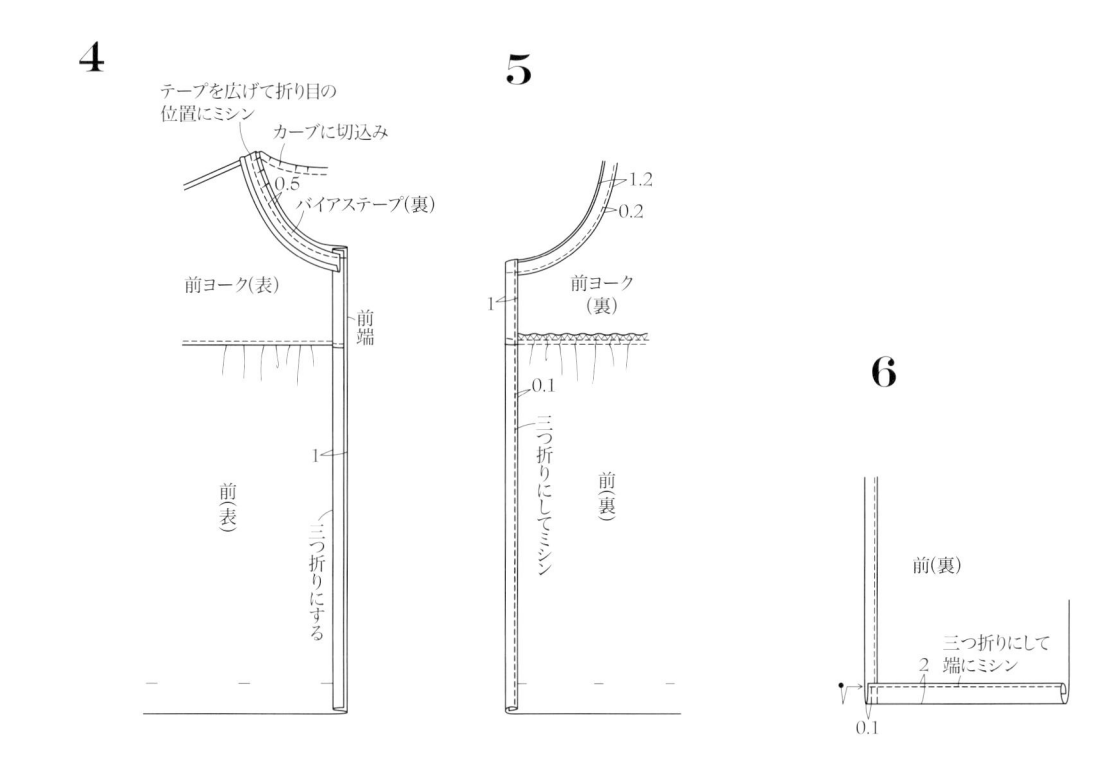

テープを広げて折り目の位置にミシン
カーブに切込み
0.5
バイアステープ(裏)
前ヨーク(表)
前端
1
前(表)
三つ折りにする

5

1.2
0.2
前ヨーク(裏)
1
0.1
前(裏)
三つ折りにしてミシン

6

前(裏)
三つ折りにして端にミシン
2
0.1

7,8

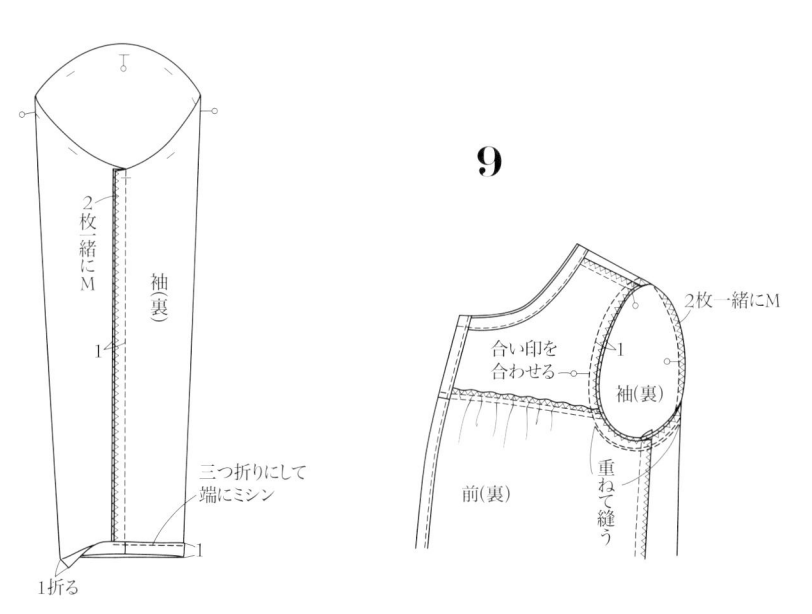

2枚一緒にM
袖(裏)
1
三つ折りにして端にミシン
1
1折る

9

2枚一緒にM
1
合い印を合わせる
袖(裏)
前(裏)
重ねて縫う

h カシュクール型のワンピース

実物大パターンC、D面

着丈
7号 10.5cm / 9号 101cm / 11号 101.5cm
13号 102cm / 15号 102.5cm / 17号 103cm

同じデザインを布地違いで作っています。一枚はリバティプリントのジャージーで華やかに。もう一枚は黒で作れば、喪服にもなります。エアロタッシュはポリエステルとポリウレタンの合成繊維で伸縮性があり、着やすい素材です。エアロタッシュの13〜17号の場合、後ろスカートは前スカートの横で裁てないので、前スカートの上で裁ちます。

材料

布 ［リバティプリントジャージー］― 115cm幅3.3m
　　［エアロタッシュ］
　　― 145cm幅7〜11号は1.8m、13〜17号は2.6m
接着芯（衿ぐり見返し）
　　― 90cm幅7〜11号は60cm、13〜17号は70cm
ゴムテープ（ウエスト）― 12コール平ゴム67 / 72 / 77 / 82 / 88 / 94cm

作り方

準備…衿ぐり見返しに接着芯をはる。
　　　スカートの裾、袖口、衿ぐり見返しの奥にM。

1　身頃の肩を縫う（2枚一緒にM。縫い代は後ろ側に倒す）
2　身頃の脇を縫う（2枚一緒にM。縫い代は後ろ側に倒す）
3　衿ぐり見返しの肩を縫う（縫い代は割る）。
　　身頃と中表に合わせて縫い返す。
　　肩の縫い代に見返しの奥をまつりつける
4　スカートの脇を縫う（2枚一緒にM。縫い代は後ろ側に倒す）
5　スカートの裾を二つ折りにして縫う
6　身頃のウエストにタックをたたみ、左右を重ねて仮どめする。
　　重ねた状態で身頃のウエストにM。スカートと縫い合わせる
　　（縫い代はスカート側に倒す）。
　　ゴムテープ通し口を残してゴムテープ通しのミシンをかける。
　　ゴムテープを通した後、ゴムテープ通し口を縫ってふさぐ
7　袖下を縫う（2枚一緒にM。縫い代は後ろ側に倒す）
8　袖口を二つ折りにして縫う
9　袖をつける（2枚一緒にM。縫い代は袖側に倒す）（p.58参照）
10　ひもを作る

＊Mは「縫い代にロックミシンまたはジグザグミシンをかける」の略

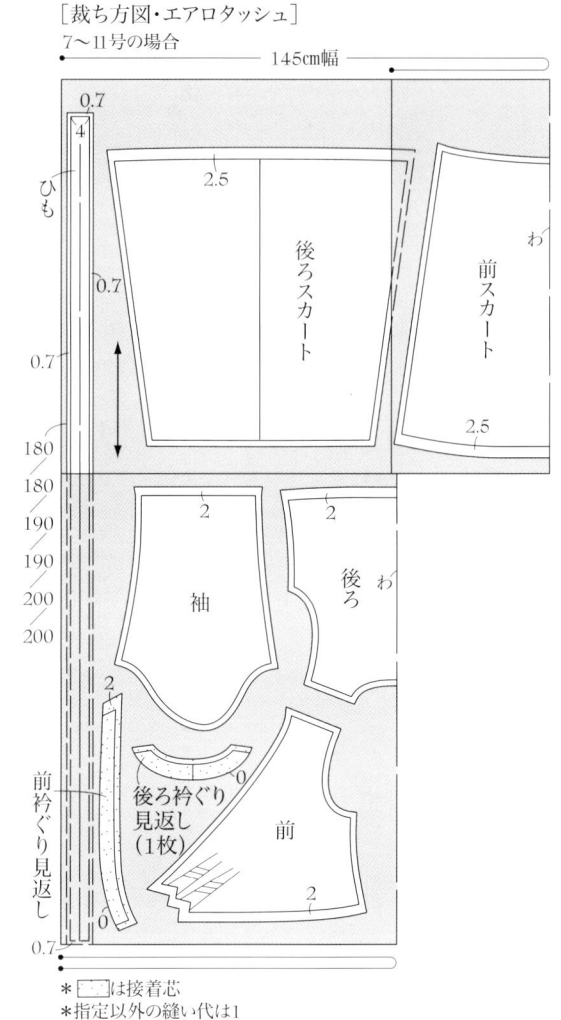

＊□□は接着芯
＊指定以外の縫い代は1

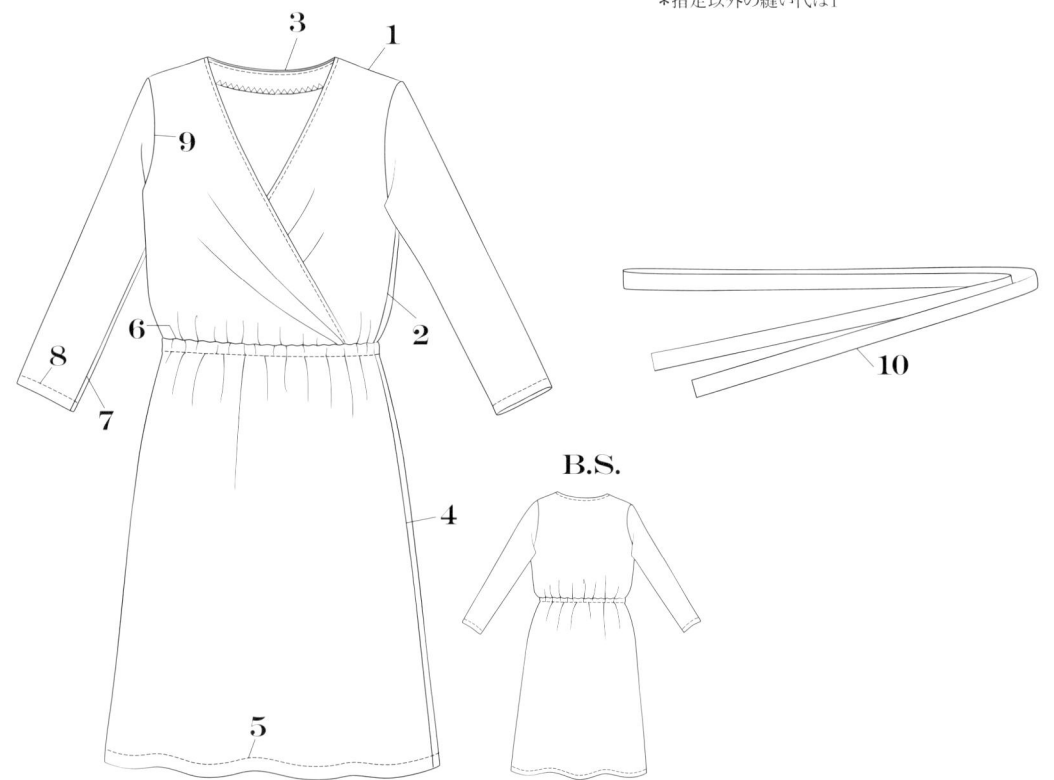

3

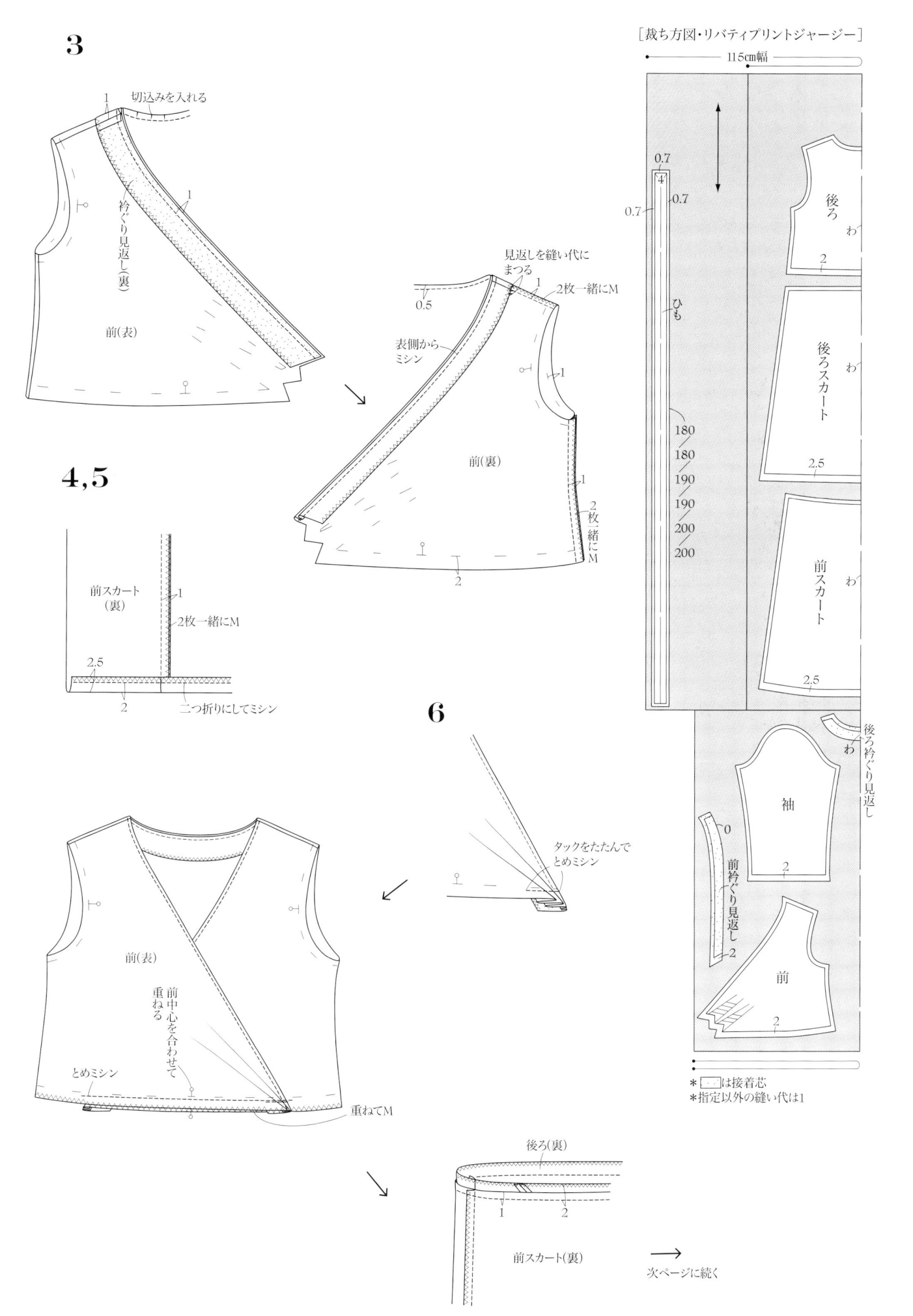

切込みを入れる
1
衿ぐり見返し(裏)
前(表)

見返しを縫い代にまつる
1
2枚一緒にM
0.5
表側からミシン
1
前(裏)
1
2枚一緒にM
2

4, 5

前スカート(裏)
1
2枚一緒にM
2.5
2
二つ折りにしてミシン

6

タックをたたんでとめミシン

前(表)
前中心を合わせて重ねる
とめミシン
重ねてM

後ろ(裏)
1
2
前スカート(裏)

[裁ち方図・リバティプリントジャージー]
115cm幅
0.7
0.7
0.7
ひも
180
180
190
190
200
200

後ろ　わ
後ろスカート
2.5
前スカート　わ
2.5

後ろ衿ぐり見返し　わ
袖
0
前衿ぐり見返し
2
前
2

* [　] は接着芯
* 指定以外の縫い代は1

→ 次ページに続く

49

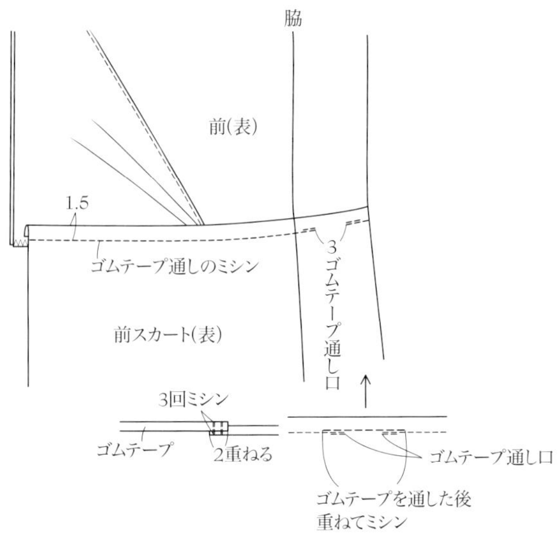

7,8

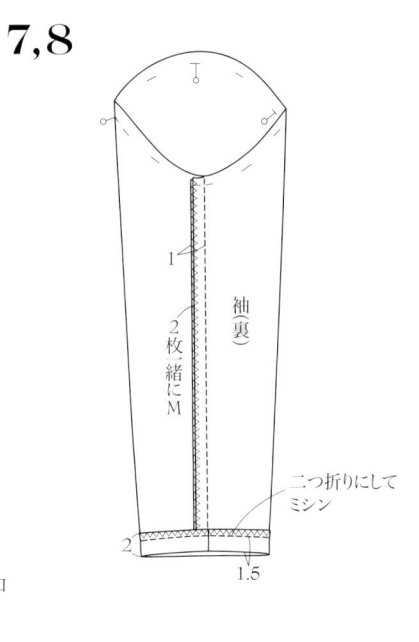

10

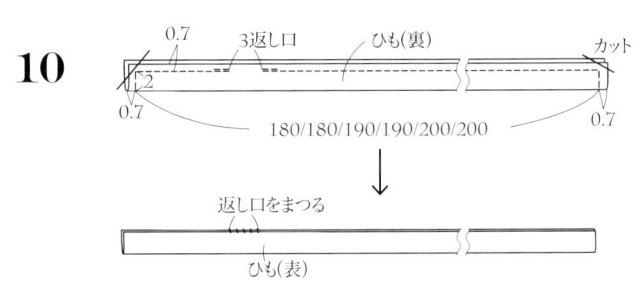

作り方

スカート

1. 左脇にゴムテープ通し口を残して脇を縫い、ゴムテープ通し口の始末をする
（2枚一緒にM。縫い代は後ろ側に倒す）
2. 裾を二つ折りにして縫う
3. ウエストを二つ折りにしてゴムテープ通し位置を縫い、ゴムテープを通す

＊Mは「縫い代にロックミシンまたはジグザグミシンをかける」の略

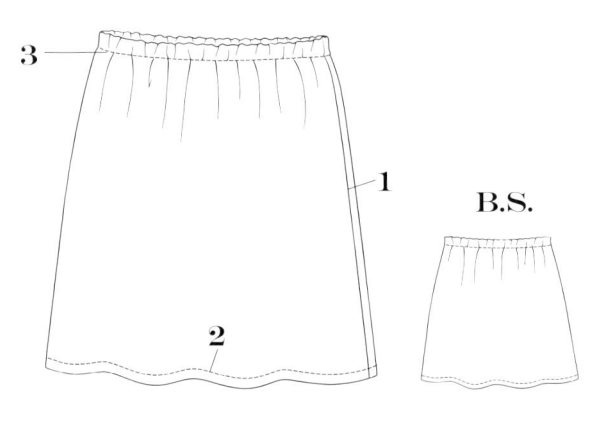

B.S.

1

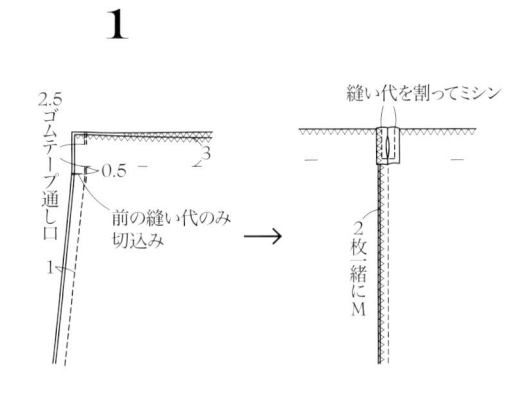

2,3

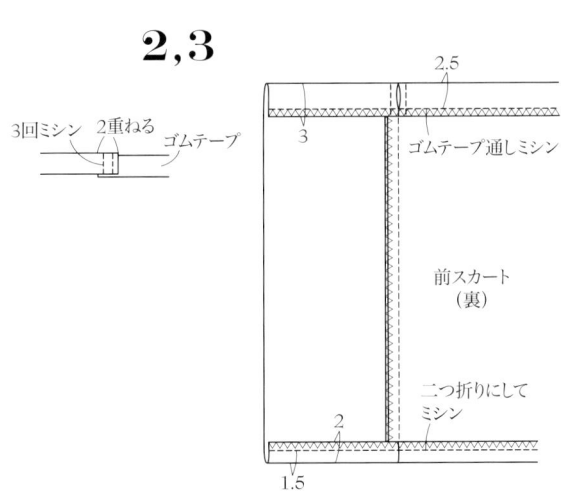

i アシンメトリーな裾の ブラウスとミニスカート

実物大パターンC、D面

ブラウスの着丈(後ろ)
7号 75.5cm / 9号 76cm / 11号 76.5cm
13号 77cm / 15号 77.5cm / 17号 78cm

スカート丈
7〜17号 48cm

シルクジャカードの地模様が浮き立つブラウスは背中のあきと長い裾の後ろ姿が美しく、前と後ろで表情の違いが楽しめます。共布のミニスカートと合わせると若々しい印象になります。

材料

布[シルクジャカード] — 117cm幅3.5m
伸止めテープ(後ろ衿ぐり) — 1.5cm幅80cm
ゴムテープ(ウエスト) — 2cm幅67 / 72 / 77 / 82 / 88 / 94cm

作り方

準備…ブラウスの後ろ衿ぐりに伸止めテープをはる。
　　　ブラウスの裾、袖口、スカートのウエスト、裾にM。

ブラウス
1　前ヨークと前身頃を縫い合わせる
　　(2枚一緒にM。縫い代はヨーク側に倒す)
2　前衿ぐりをバイアステープ(共布)で始末する
3　左後ろの衿ぐりにM。後ろ中心を縫う
　　(2枚一緒に右衿ぐりまで続けてM。縫い代は右側に倒す)
4　肩を縫う(2枚一緒にM。縫い代は後ろ側に倒す)
5　後ろ衿ぐりを二つ折りにして縫う
6　脇を縫う(2枚一緒にM。縫い代は後ろ側に倒す)
7　裾を二つ折りにして縫う
8　袖下を縫う(2枚一緒にM。縫い代は後ろ側に倒す)
9　袖口を二つ折りにして縫う
10　袖をつける(2枚一緒にM。縫い代は袖側に倒す)(p.47参照)
11　ループリボンを作って肩に縫いつける

*Mは「縫い代にロックミシンまたはジグザグミシンをかける」の略
*スカートの作り方は→p.50

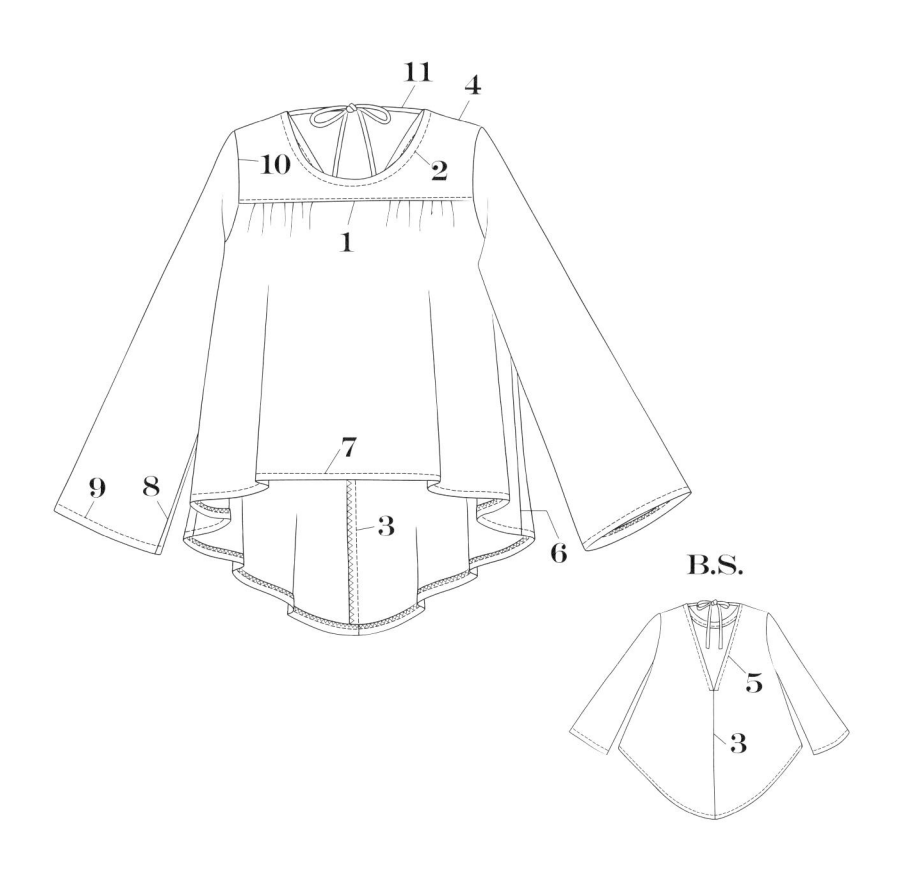

[裁ち方図・シルクジャカード]

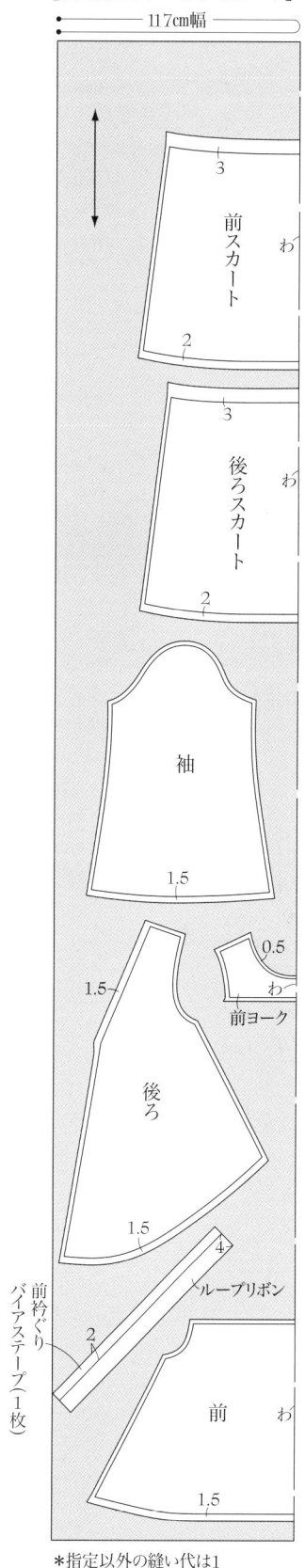

*指定以外の縫い代は1

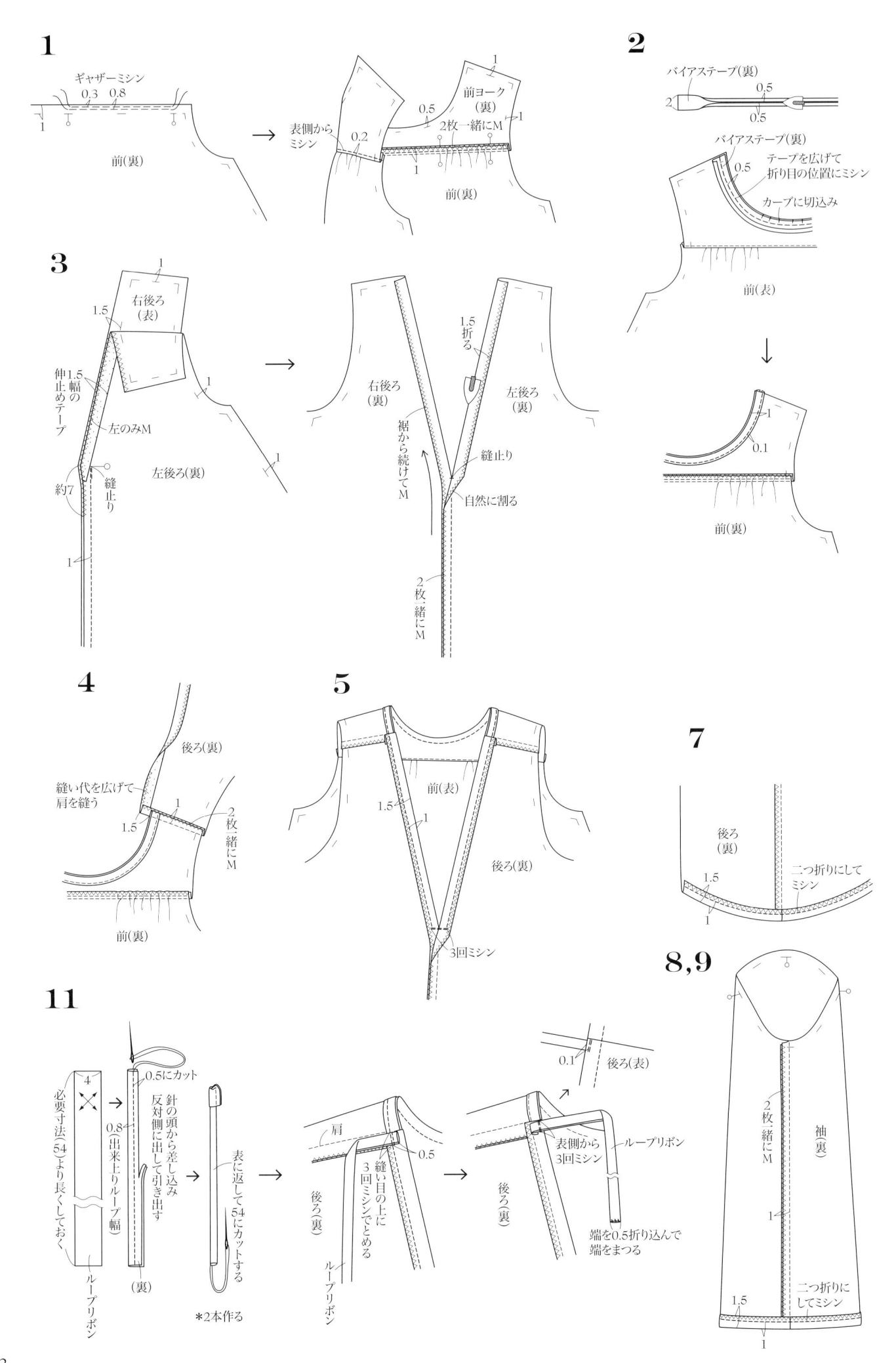

1

ギャザーミシン
0.3　0.8
1
前(裏)

1
0.5
1
前ヨーク(裏)
表側からミシン
0.2
2枚一緒にM
1
前(裏)

2

バイアステープ(裏)
0.5
0.5
2

バイアステープ(裏)
テープを広げて折り目の位置にミシン
0.5
カーブに切込み
前(表)

↓

0.1
1
前(裏)

3

右後ろ(表)
1
1.5
1.5幅の伸止めテープ
左のみM
約7
縫止り
1
左後ろ(裏)
1

右後ろ(裏)
1.5 折る
左後ろ(裏)
裾から続けてM
縫止り
自然に割る
2枚一緒にM

4

後ろ(裏)
縫い代を広げて肩を縫う
1
1.5
2枚一緒にM
前(裏)

5

1.5
1
前(表)
後ろ(裏)
3回ミシン

7

後ろ(裏)
1.5
1
二つ折りにしてミシン

8,9

2枚一緒にM
袖(裏)
1
1.5
1
二つ折りにしてミシン

0.1
後ろ(表)

肩
0.5
後ろ(裏)
ループリボン
縫い目の上に3回ミシンでとめる

後ろ(裏)
表側から3回ミシン
ループリボン
端を0.5折り込んで端をまつる

11

4
ループリボン
必要寸法54より長くしておく

0.5にカット
0.8(出来上りループ幅)
(裏)
針の頭から差し込み反対側に出して引き出す

表に返して54にカットする
*2本作る

j シフォンのロングスカート

実物大パターンC、D面

スカート丈
7〜17号 93cm

iのスカートの丈を長くしただけのロングスカートはポリエステルシフォンなので、しわになりにくく、旅先に持って行くのに便利です。iのブラウスに合わせるとぐっと大人の雰囲気になります。このように布地を替えて3点セットで作っておくとTPOに合わせて着こなしが楽しめます。裏布のウエストは表スカートのウエスト線から2.5cm控えます。

材料

布［ポリエステルシフォンプリント］— 112cm幅 2.3m
裏布 — 94cm幅 7、9号は2.2m、11〜17号は2.7m
ゴムテープ（ウエスト）— 2cm幅 67 / 72 / 77 / 82 / 88 / 94cm

作り方

1 表スカートの左脇にゴムテープ通し口を残して脇を縫い、ゴムテープ通し口の始末をする
　（2枚一緒にM。縫い代は後ろ側に倒す）
2 表スカートの裾を三つ折りにして縫う
3 裏スカートの脇を縫う（2枚一緒にM。縫い代は後ろ側に倒す）
4 裏スカートの裾を三つ折りにして縫う
5 表スカートと裏スカートを中表に合わせてウエストを縫い返す
　（縫い代は裏スカート側に倒す）。
　ウエストを出来上がりに折ってゴムテープ通しの位置を縫う。
　ゴムテープを通す
6 両脇の裾に糸ループをつける（p.67参照）

＊Mは「縫い代にロックミシンまたはジグザグミシンをかける」の略

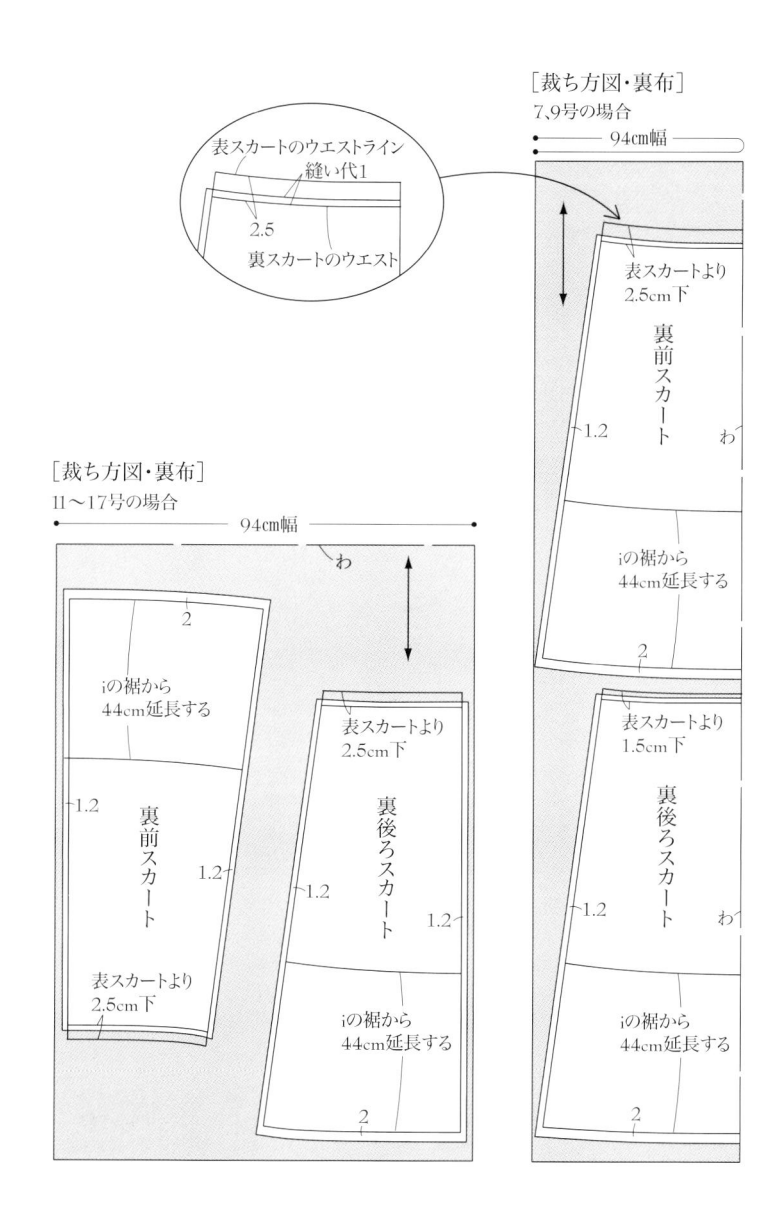

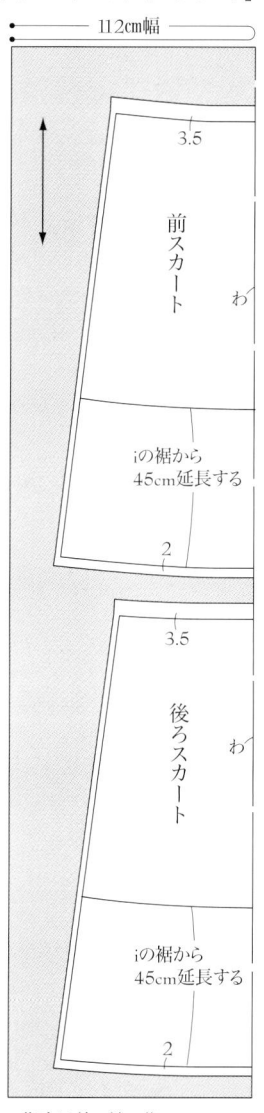

＊指定以外の縫い代は1

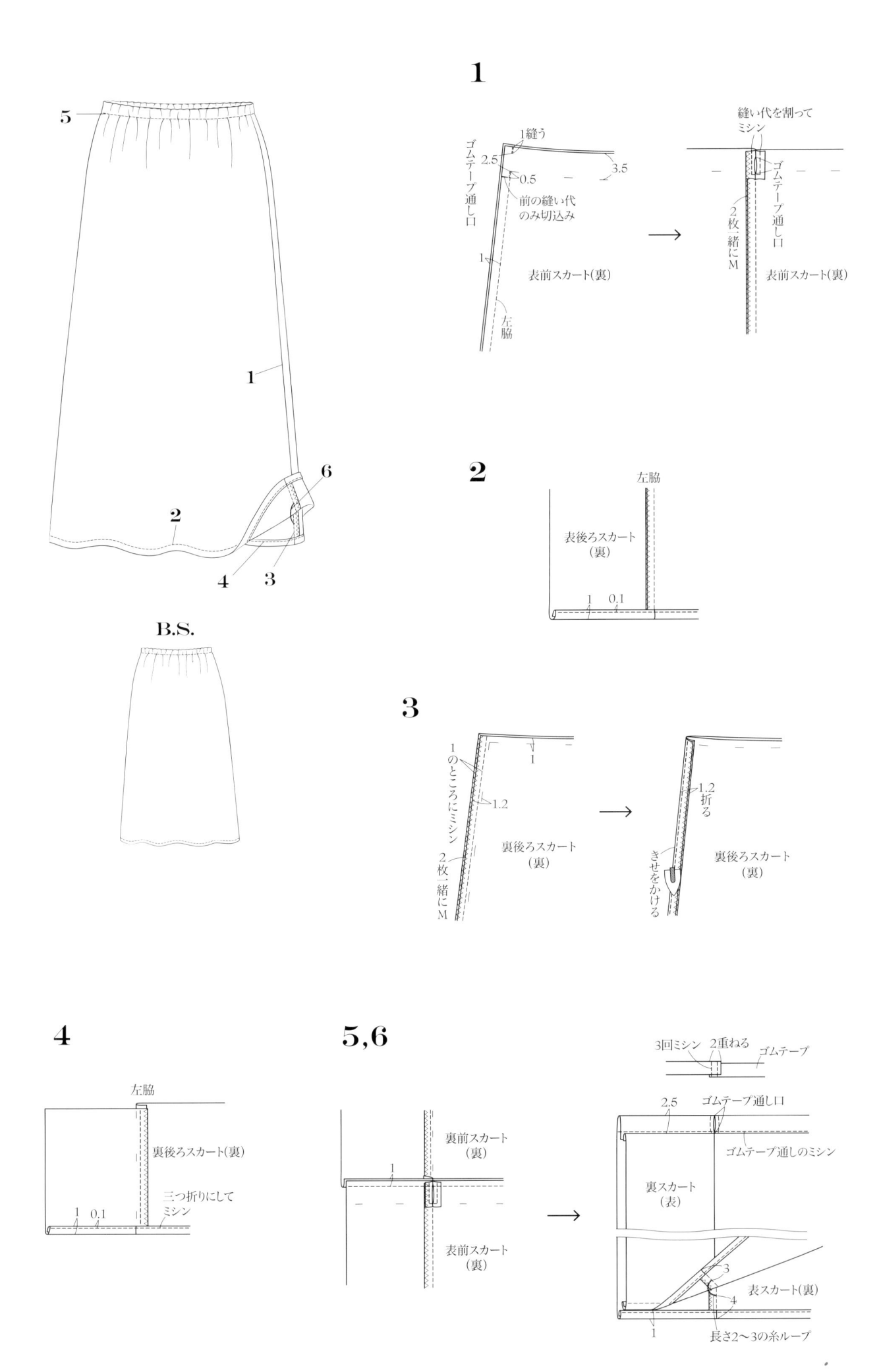

1

縫い代を割って
ミシン

1縫う
2.5
0.5 — 3.5
ゴムテープ通し口
前の縫い代のみ切込み
1
表前スカート(裏)
左脇

ゴムテープ通し口
2枚一緒にM
表前スカート(裏)

2

左脇
表後ろスカート(裏)
1 0.1

3

1
1のところにミシン
1.2
2枚一緒にM
裏後ろスカート(裏)

1.2折る
きせをかける
裏後ろスカート(裏)

4

左脇
裏後ろスカート(裏)
三つ折りにしてミシン
1 0.1

5,6

裏前スカート(裏)
1
表前スカート(裏)

3回ミシン 2重ねる ゴムテープ
2.5 ゴムテープ通し口
ゴムテープ通しのミシン
裏スカート(表)
表スカート(裏)
3
4
1
長さ2〜3の糸ループ

B.S.

k フリル袖のワンピース

実物大パターンA、B面

着丈
7号 97.5cm / 9号 98cm / 11号 98.5cm
13号 99cm / 15号 99.5cm / 17号 100cm

ヨークとフリルはデシンのみで、身頃はレースの下にデシンを当てて、裏打ちし、一枚の布として仕立てます。デシンはレースより少し明るめの色を合わせて軽やかな印象にしています。

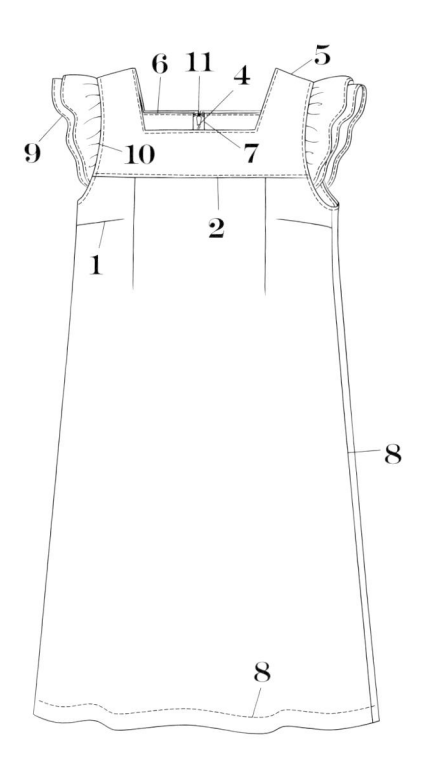

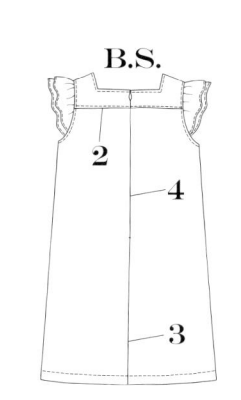

材料

- 布［ラッセルレース］— 112cm幅2m
  ［ポリエステルデシン］
  — 112cm幅7、9号は2.3m、11〜17号は2.5m
- 接着芯（袖ぐり見返し）— 90cm幅40cm
- コンシールファスナー — 56cm
- かぎホック — 1組み

作り方

準備…身頃のレースとデシンを重ねてなじませ、
　　　しつけでとめる（p.36参照）。
　　　2枚一緒に後ろ脇、後ろ中心、裾にM。
　　　袖ぐり見返しに接着芯をはり、見返しの奥にM。

1. 胸ダーツを縫う（上側に倒し、脇にM）
2. 前後の身頃と表ヨークをそれぞれ縫い合わせる（縫い代はヨーク側に倒す）
3. 後ろ中心のあき止りから裾までを縫う（縫い代は割る）。ファスナーつけ位置を粗ミシンで縫う（縫い代は割る）(p.58参照)
4. ファスナーをつける（p.58参照）
5. 表ヨーク、裏ヨークの肩をそれぞれ縫う（縫い代は割る）
6. 表ヨークと裏ヨークを中表に合わせて衿ぐりを縫い返す
7. 裏ヨークを身頃にとめる
8. 脇を縫う（縫い代は割る）。裾を二つ折りにして縫う
9. 肩フリルの端を三つ折りにして縫う。肩フリル上側、下側を重ねてギャザーを寄せる
10. 袖ぐり見返しの肩、脇を縫う（縫い代は割る）。肩フリルを身頃と見返しの間にはさみ、袖ぐりを縫い返す
11. 裏ヨークと脇の縫い代に袖ぐり見返しの奥をまつりつける。かぎホックをつける（p.58参照）

＊Mは「縫い代にロックミシンまたはジグザグミシンをかける」の略

［裁ち方図・ポリエステルデシン］

［肩フリルの裁ち方図・ポリエステルデシン］
11〜17号の場合

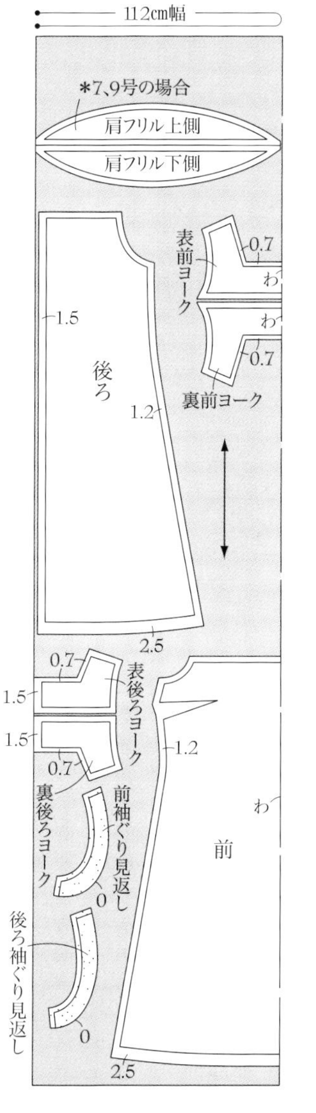

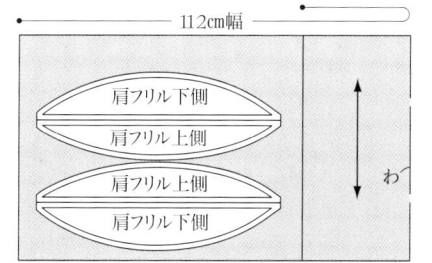

［裁ち方図・ラッセルレース］

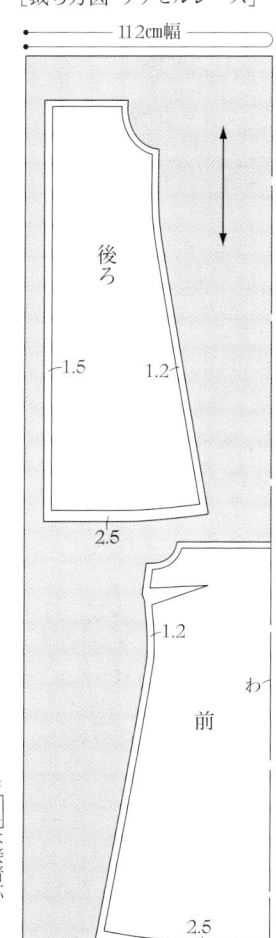

Dress page 16

1, 2

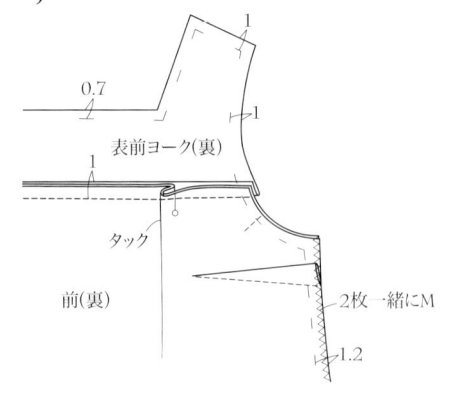

- 0.7
- 1
- 表前ヨーク(裏)
- 1
- タック
- 前(裏)
- 2枚一緒にM
- 1.2

5～7

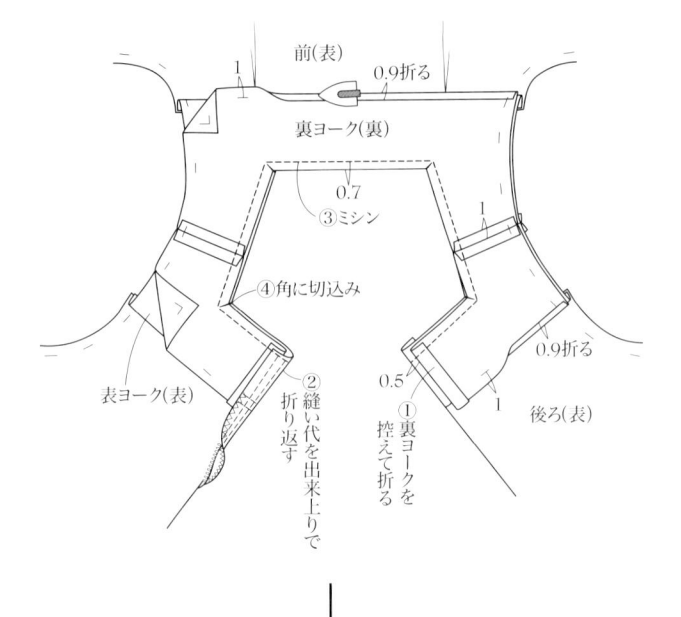

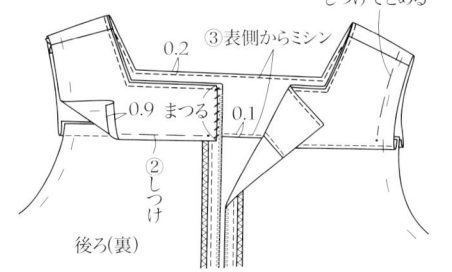

- 1
- 前(表)
- 0.9折る
- 裏ヨーク(裏)
- 0.7
- ③ミシン
- ④角に切込み
- 表ヨーク(表)
- ②縫い代を出来上りで折り返す
- 1
- 0.9折る
- 0.5
- 1
- 後ろ(表)
- ①裏ヨークを控えて折る

①表ヨークと裏ヨークをしつけでとめる
- 0.2
- ③表側からミシン
- 0.9 まつる
- 0.1
- ②しつけ
- 後ろ(裏)

8

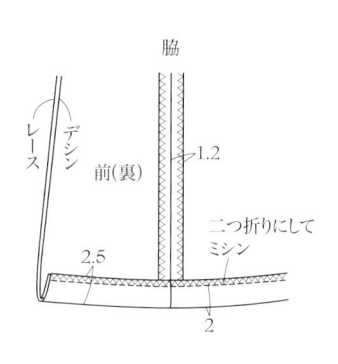

- 脇
- デシン
- レース
- 前(裏)
- 1.2
- 二つ折りにしてミシン
- 2.5
- 2

9

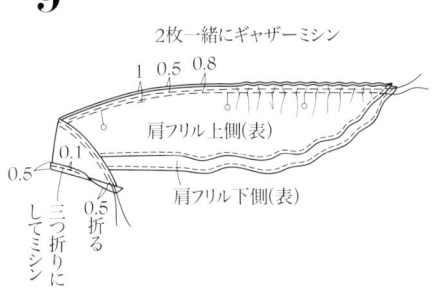

- 2枚一緒にギャザーミシン
- 1
- 0.5
- 0.8
- 肩フリル上側(表)
- 肩フリル下側(表)
- 0.1
- 0.5
- 0.4
- 0.5
- 三つ折りにしてミシン
- 折る

10, 11

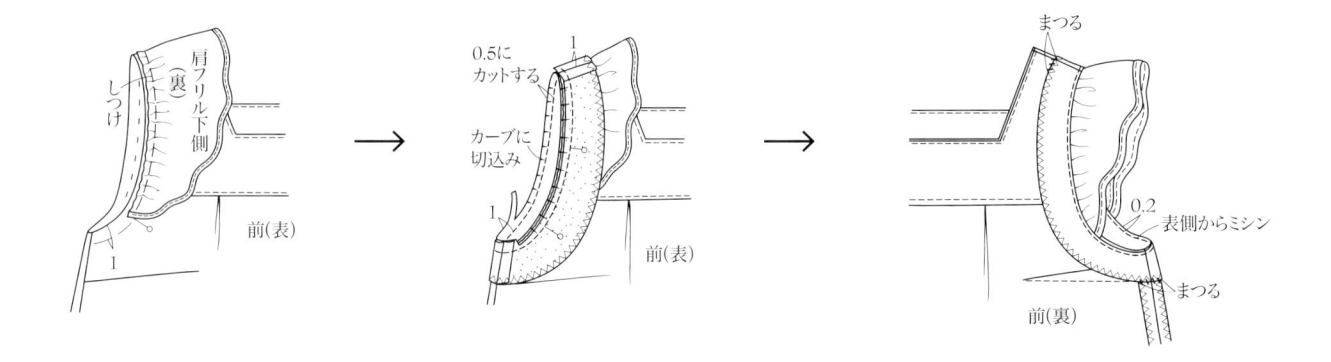

- 肩フリル下側(裏)
- しつけ
- 前(表)
- 1
- 0.5にカットする
- 1
- カーブに切込み
- 前(表)
- まつる
- 0.2
- 表側からミシン
- まつる
- 前(裏)

1 レースのAラインワンピース

実物大パターンC、D面

着丈
7号 93.5cm / 9号 94cm / 11号 94.5cm
13号 95cm / 15号 95.5cm / 17号 96cm

身頃と袖は白いレースの下に黒のポリエステルデシンを当てて裏打ちし、一枚の布として仕立てます。裏の黒でレースが引き立つワンピースになりました。レースは脇と前の胸もとから袖に続けて柄を合わせています。レースが目立つデザインですので、柄合せをするといいでしょう。

材料

布 [ラッセルレース] — 100cm幅2.6m
　[ポリエステルデシン] (裏打ち布、衿ぐり見返し) — 112cm幅2.3m
接着芯 (衿ぐり見返し) — 90cm幅20cm
コンシールファスナー — 56cm
かぎホック — 1組み

作り方

準備…身頃、袖のレースとデシンを重ねてなじませ、
　　　しつけでとめる (p.59参照)。
　　　2枚一緒に肩、脇、後ろ中心、裾、袖下、袖口にM。
　　　衿ぐり見返しに接着芯をはり、見返しの奥にM。

1. 後ろ中心のあき止りから裾までを縫う。
   ファスナーつけ位置を粗ミシンで縫う (縫い代は割る)
2. ファスナーをつける
3. 肩を縫う (縫い代は割る)
4. 脇を縫う (縫い代は割る)
5. 裾を二つ折りにして縫う
6. 衿ぐり見返しの肩を縫い (縫い代は割る)、
   身頃と中表に合わせて縫い返す
7. 袖下を縫う (縫い代は割る)
8. 袖口を二つ折りにして縫う
9. 袖をつける (4枚一緒にM。縫い代は袖側に倒す)
10. 肩の縫い代に見返しの奥をまつりつける。かぎホックをつける

＊Mは「縫い代にロックミシンまたはジグザグミシンをかける」の略

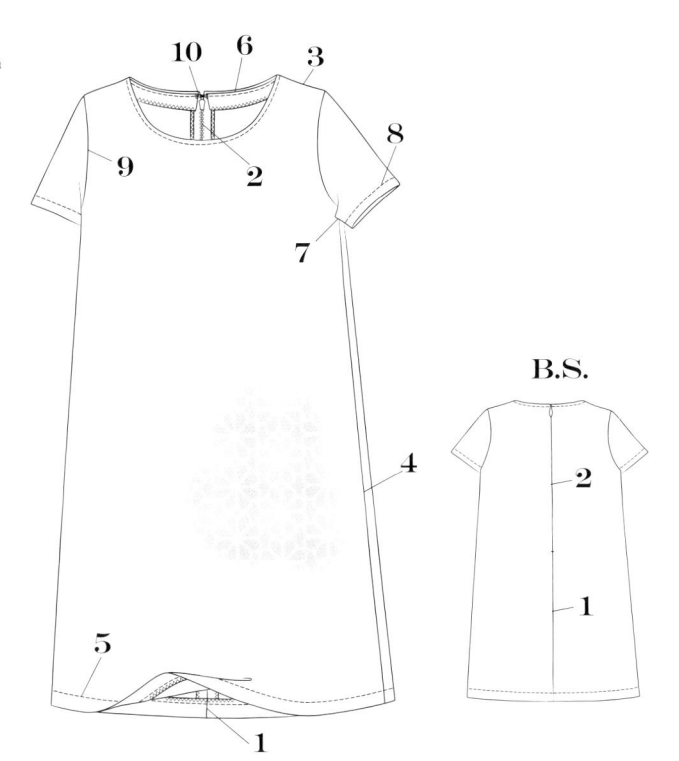

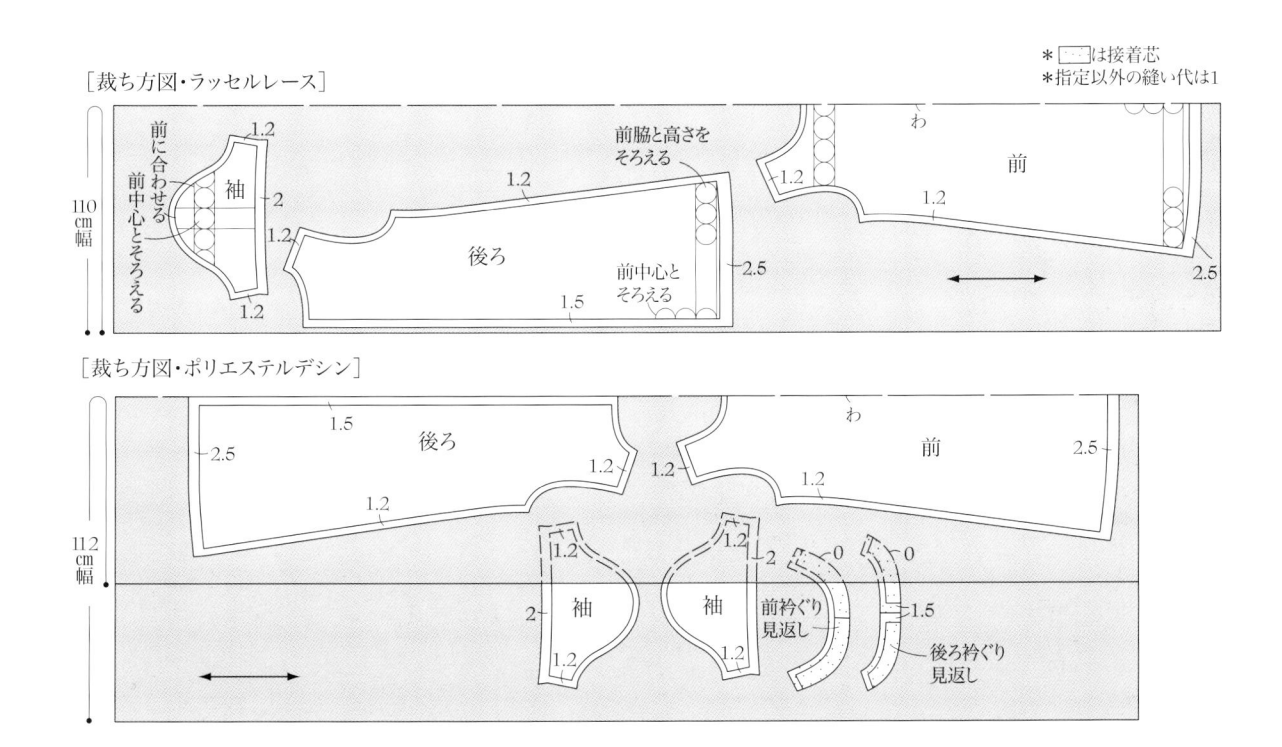

[裁ち方図・ラッセルレース]

[裁ち方図・ポリエステルデシン]

＊ ::: は接着芯
＊指定以外の縫い代は1

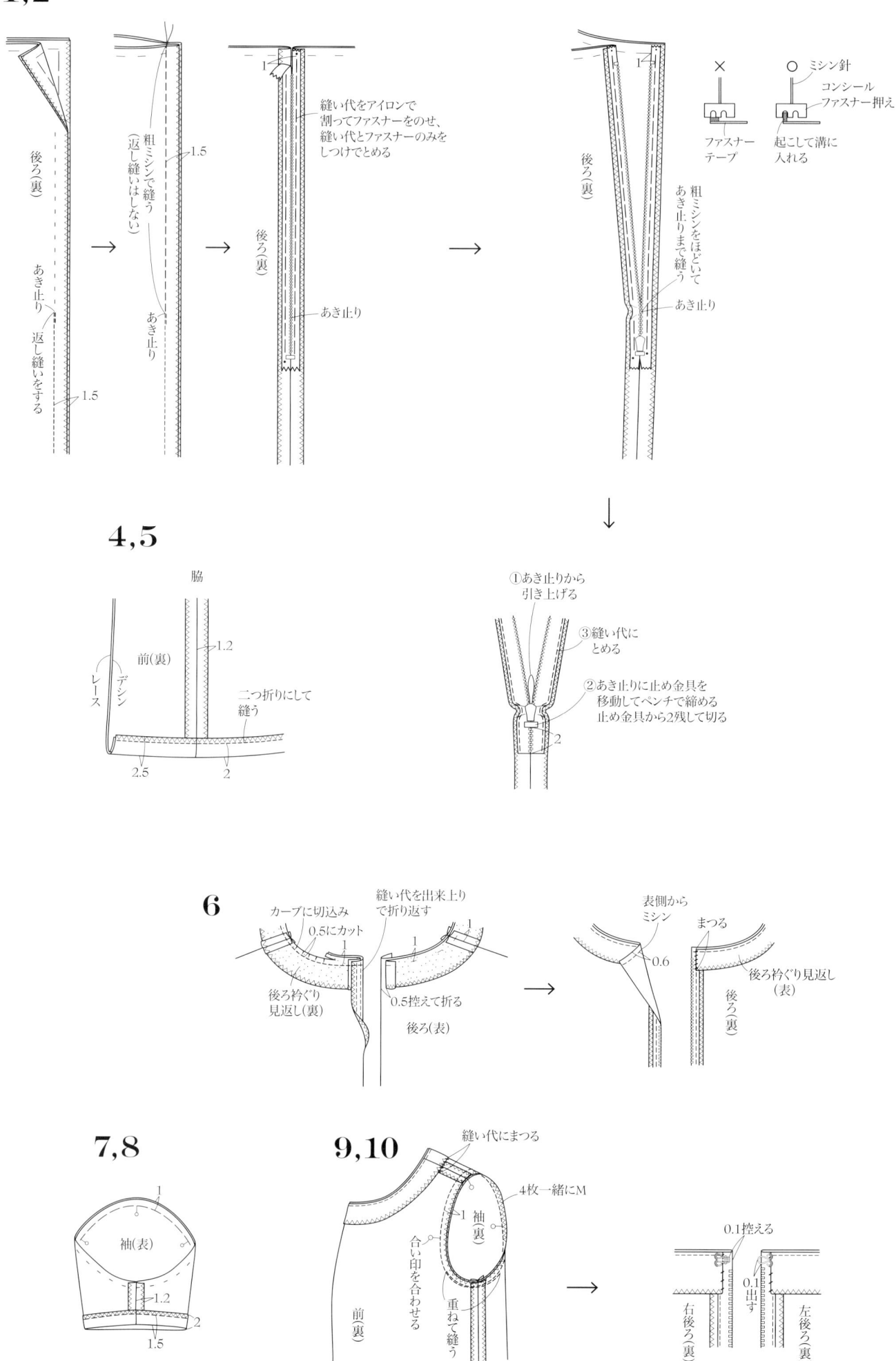

1,2

後ろ(裏) / あき止り / 返し縫いをする / 1.5

粗ミシンで縫う（返し縫いはしない） / あき止り / 1.5

縫い代をアイロンで割ってファスナーをのせ、縫い代とファスナーのみをしつけでとめる / 後ろ(裏) / あき止り

後ろ(裏) / 粗ミシンをほどいてあき止りまで縫う / あき止り

× ファスナーテープ ／ ○ ミシン針 コンシールファスナー押え 起こして溝に入れる

①あき止りから引き上げる
③縫い代にとめる
②あき止りに止め金具を移動してペンチで締める 止め金具から2残して切る

4,5

脇
レース / デシン / 前(裏) / 1.2
二つ折りにして縫う
2.5 / 2

6

カーブに切込み / 0.5にカット / 縫い代を出来上りで折り返す / 1
後ろ衿ぐり見返し(裏) / 0.5控えて折る / 後ろ(表) / 1

表側からミシン / まつる / 0.6 / 後ろ衿ぐり見返し(表) / 後ろ(裏)

7,8

袖(表) / 1 / 1.2 / 1.5 / 2

9,10

縫い代にまつる / 4枚一緒にM / 袖(裏) / 1 / 前(裏) / 合い印を合わせる / 重ねて縫う

0.1控える / 0.1出す / 右後ろ(裏) / 左後ろ(裏)

準備

合い印は縫い印にする

2枚をなじませて表側から出来上り線より外側にしつけでとめる

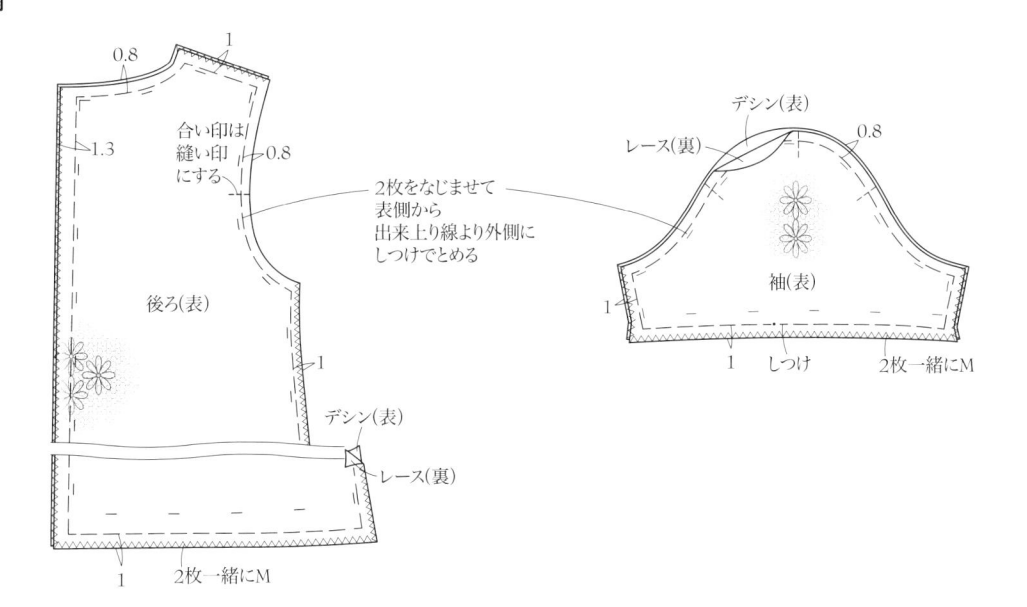

後ろ(表)
デシン(表)
レース(裏)
袖(表)
しつけ
2枚一緒にM

材料

替え衿
布［シルクオーガンディ］— 138cm幅20cm
かぎホック — 1組み
スナップ — 直径6mmを8組み
パールビーズ — 直径4mm、6mm、8mmを適宜

作り方

1. 表衿と裏衿を中表に合わせ、返し口を残して縫う
2. 表に返して衿の周囲、返り線、つけ線にステッチをかける
3. 裏衿側にスナップとかぎホックをつける
4. 表衿側に好みでビーズを縫いつける

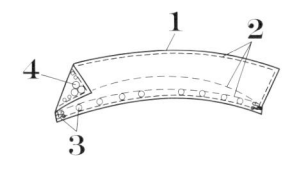

［裁ち方図・シルクオーガンディ］
138cm幅
替え衿
わ

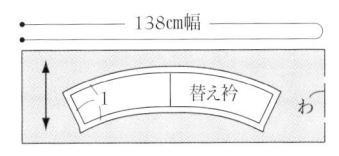

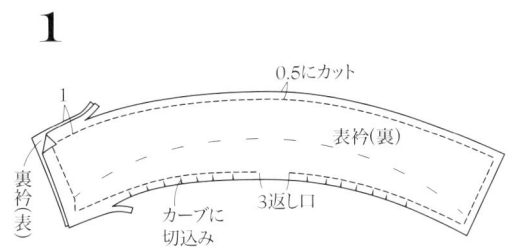

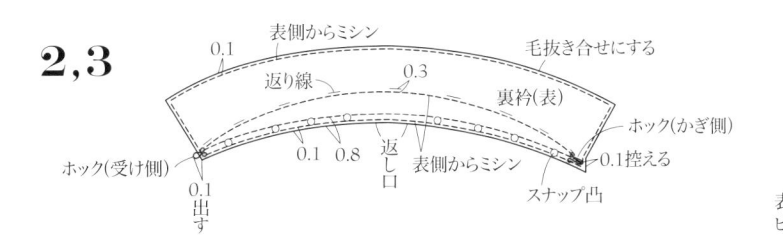

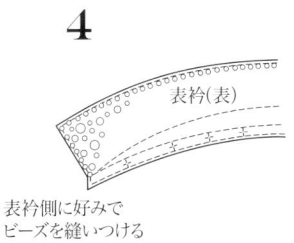

m
Dress
page 18

1
0.5にカット
表衿(裏)
裏衿(表)
カーブに切込み
3返し口

2,3
0.1 表側からミシン
返り線 0.3 毛抜き合せにする
裏衿(表)
ホック(受け側)
0.1出す
0.1 0.8 返し口
表側からミシン
スナップ凸
ホック(かぎ側)
0.1控える

4
表衿(表)
表衿側に好みでビーズを縫いつける

m 替え衿つきワンピース

実物大パターンC、D面

着丈
7号 97.5cm / 9号 98cm / 11号 98.5cm
13号 99cm / 15号 99.5cm / 17号 100cm

節糸を使っているので、不規則な筋のあるのが特徴のバックサテンシャンタンはサテンを裏側にして使用します。適度な張り感があるので、タックをとった、ふっくらした袖に合う布地です。オーガンディの替え衿はワンピースを着てからスナップでとめつけます。11～17号の袖は布地を広げて1枚ずつ裁ちます。

材料

ワンピース
布［バックサテンシャンタン］
　― 112cm幅 7、9号は2.8m、11～17号は3.2m
接着芯（表衿、表カフス）― 90cm幅50cm
伸止めテープ（ファスナー部分）― 1.5cm幅1.2m
コンシールファスナー ― 56cm
かぎホック ― 1組み
替え衿の材料は→p.59

作り方

準備…表衿、表カフスに接着芯をはる。
　　　後ろ中心の縫い代に伸止めテープをはる。
　　　身頃の後ろ中心、裾にM。

1　前中心のタックを縫う
2　後ろ中心のあき止りから裾までを縫う。
　　ファスナーつけ位置を粗ミシンで縫う（縫い代は割る）(p.58参照)
3　ファスナーをつける (p.58参照)
4　肩を縫う (2枚一緒にM。縫い代は後ろ側に倒す)
5　脇を縫う (2枚一緒にM。縫い代は後ろ側に倒す)
6　裾を二つ折りにして縫う
7　衿を作ってつける
8　袖のタックを縫う
9　袖下を縫う (2枚一緒にM。縫い代は後ろ側に倒す)
10　袖口にカフスをつける
11　袖をつける (p.58参照)
12　かぎホックをつける。衿ぐりの内側に、替え衿用のスナップをつける

＊Mは「縫い代にロックミシンまたはジグザグミシンをかける」の略
替え衿の作り方は→p.59

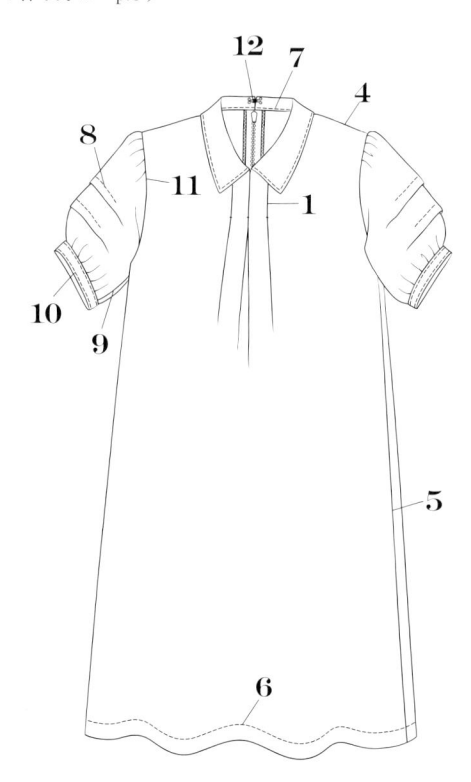

［裁ち方図・バックサテンシャンタン］
7,9号の場合
112cm幅

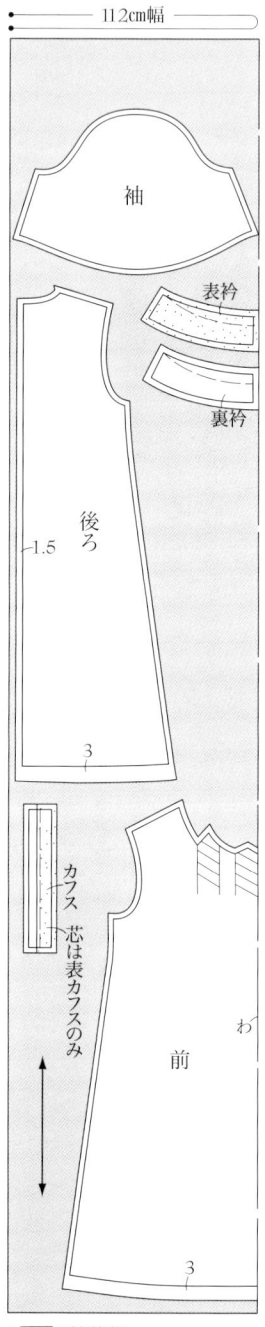

＊□は接着芯
＊指定以外の縫い代は1

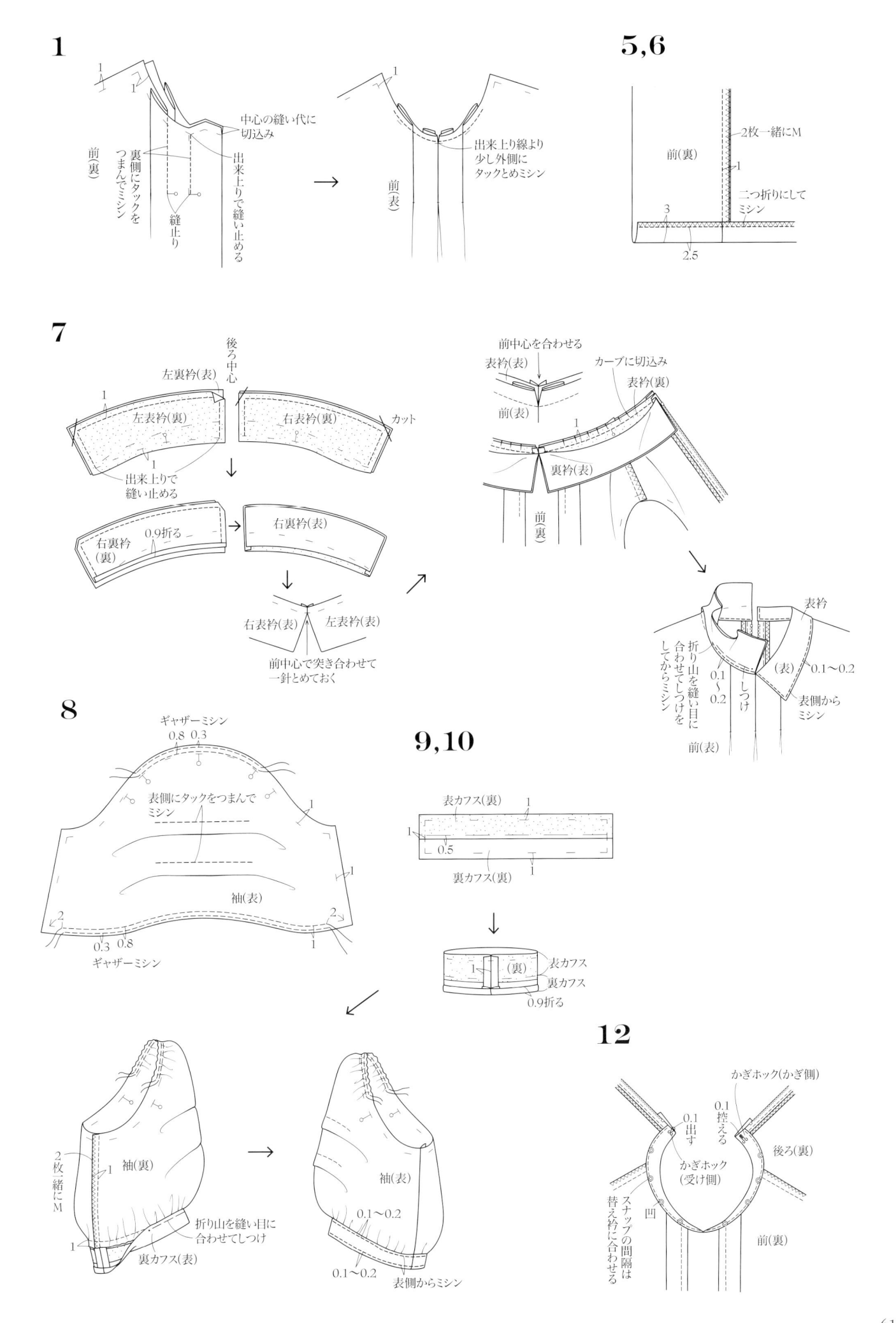

1

中心の縫い代に切込み
出来上りで縫い止める
裏側にタックをつまんでミシン
前(裏)
縫止り
前(表)
出来上り線より少し外側にタックとめミシン

5,6

前(裏)
2枚一緒にM
二つ折りにしてミシン
3
2.5

7

後ろ中心
左裏衿(表)
左表衿(裏)
右表衿(裏)
カット
出来上りで縫い止める
右裏衿(裏)
0.9折る
右裏衿(表)
右表衿(表) 左表衿(表)
前中心で突き合わせて一針とめておく

前中心を合わせる
表衿(表)
カーブに切込み
表衿(裏)
前(表)
裏衿(表)
前(裏)

折り山を縫い目に合わせてしつけをしてからミシン
しつけ
(表)
0.1~0.2
表衿
(裏)
0.1~0.2
表側からミシン
前(表)

8

ギャザーミシン
0.8 0.3
表側にタックをつまんでミシン
袖(表)
2 2
0.3 0.8
ギャザーミシン

9,10

表カフス(裏)
1
1
0.5
裏カフス(裏)
1

1
表カフス(裏)
裏カフス
0.9折る

2枚一緒にM
袖(裏)
1
裏カフス(表)
折り山を縫い目に合わせてしつけ

袖(表)
0.1~0.2
0.1~0.2
表側からミシン

12

かぎホック(かぎ側)
0.1控える
0.1出す
後ろ(裏)
かぎホック(受け側)
凹
前(裏)
スナップの間隔は替え衿に合わせる

n 黒のツーピース

実物大パターンC、D面

ブラウスの着丈
7号 56.5cm / 9号 57cm / 11号 57.5cm
13号 58cm / 15号 58.5cm / 17号 59cm

スカート丈
7〜17号 60cm

シルクデシンの軽やかなツーピースはブラウスをインにすればワンピース風にも着られます。15、17号のスカートは布幅が足りないため、110cm幅の布地を選ぶか、布目を横地に変更して裁ちます。

材料

布［シルクデシン］
— 90cm幅7〜13号は3.8m、15、17号は4.4m
接着芯（カフス）— 20×40cm
ボタン — 直径1.5cmを1個
ゴムテープ（ウエスト）— 2cm幅67 / 72 / 77 / 82 / 88 / 94cm

作り方

ブラウス
1. 後ろ中心にM。スリット止りから裾までを縫う（縫い代は割る）
2. 肩を縫う（2枚一緒にM。縫い代は後ろ側に倒す）
3. 衿ぐりをバイアステープ（共布）でくるむ
4. 脇を縫う（2枚一緒にM。縫い代は後ろ側に倒す）
5. 裾を三つ折りにして縫う
6. 袖下を縫う（2枚一緒にM。縫い代は後ろ側に倒す）
7. 袖口にカフスをつける
8. 袖をつける（2枚一緒にM。縫い代は袖側に倒す）(p.47参照)
9. ボタンと糸ループをつける (p.67参照)
10. リボンを作る

スカート
1. 左脇にゴムテープ通し口を残して脇を縫う
   （2枚一緒にM。縫い代は後ろ側に倒す）
2. ウエストを三つ折りにして縫い、ゴムテープを通す
3. 裾を三つ折りにして縫う

＊Mは「縫い代にロックミシンまたはジグザグミシンをかける」の略

［裁ち方図・シルクデシン］
7〜13号の場合
90cm幅

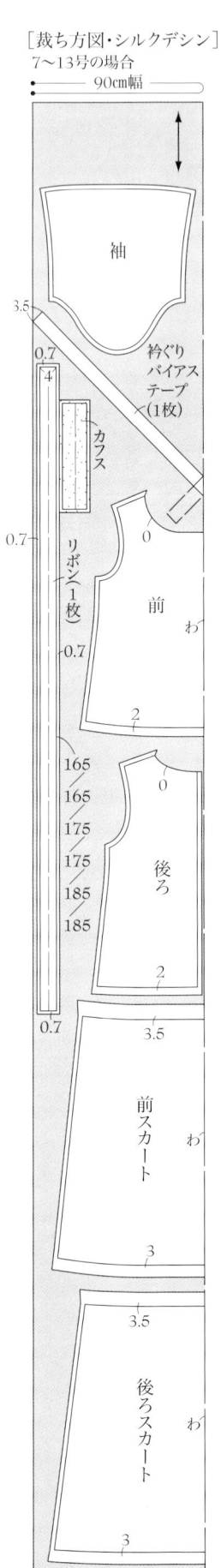

＊ ▭ は接着芯
＊指定以外の縫い代は1

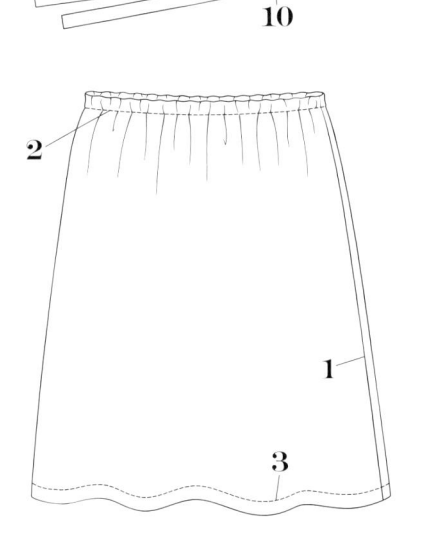

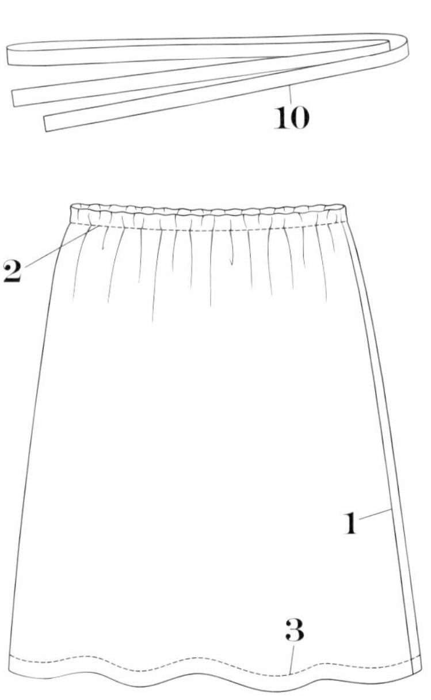

ブラウス

1

表側からミシン
スリット止り
3回ミシン
0.8
M
1

3

ギャザーミシン
0.3 0.7
5
前中心 5に縮める
前

バイアステープ(裏)
3.5
0.8
0.8

バイアステープ(裏) テープを広げて折り目の位置にミシン
1出す 0.8
後ろ(裏)

0.1 1折る
後ろ(表)

4,5

前(裏)
2枚一緒にM
三つ折りにしてミシン
1 0.1

6

2枚一緒にM
袖(裏)
1
0.3 0.8ギャザーミシン

7

1
表カフス
裏カフス (裏)
1

裏カフス
1
0.9折る
表カフス
(裏)
袖(表)

裏カフス(表)
折り山を縫い目に合わせてしつけをする
袖(裏)

袖(表)
表側からミシン
0.1〜0.2
0.1〜0.2

9

長さ2の糸ループ
0.5 1.5
後ろ(表)

10

0.7 3返し口 リボン(裏) カット
2
0.7 165/165/175/175/185/185 0.7

返し口をまつる
リボン(表)

スカート

1,2

縫う
2.5ゴムテープ通し口
前の縫い代のみ
切込み
0.5
左脇
前スカート(裏)
3.5

縫い代をとめるミシン 割る
2枚一緒にM
前スカート(裏)

3回ミシン
ゴムテープ 2重ねる
2.5 ゴムテープ通し口
0.1
三つ折りにしてミシン
前スカート(裏)

3

(裏)
三つ折りにして端にミシン
2

O ピンタックのワンピース

実物大パターンA、B面

着丈
7号 101.5cm / 9号 102cm / 11号 102.5cm
13号 103cm / 15号 103.5cm / 17号 104cm

同じデザインを布地違いで作っています。一枚はモノトーンのリバティプリントでシックに。もう一枚は黒のポリエステルデシンで。しわになりにくい素材なので、喪服としても重宝します。前身頃の衿ぐりは粗裁ちして、ピンタックを縫ってから、前衿ぐり見返しのパターンを当てて、裁断し直します。

材料

布 [ポリエステルデシンの場合] — 112cm幅3m
　　[リバティプリントの場合] — 110cm幅3m
接着芯 (衿ぐり見返し、表カフス) — 90cm幅30cm
伸止めテープ (ファスナー部分) — 1.5cm幅1.2m
コンシールファスナー — 56cm
かぎホック — 1組み
スナップ — 直径8mmを6組み

作り方

準備…衿ぐり見返し、表カフスに接着芯をはる。
　　　ファスナー位置の縫い代に伸止めテープをはる。
　　　後ろ中心、衿ぐり見返しの奥にM。

1 前身頃のピンタックを縫う
2 胸ダーツを縫う (上側に倒す)
3 後ろ中心のあき止りから裾までを縫う。
　ファスナーつけ位置を粗ミシンで縫う(縫い代は割る) (p.58参照)
4 ファスナーをつける (p.58参照)
5 身頃の肩を縫う (2枚一緒にM。縫い代は後ろ側に倒す)
6 脇を縫う (2枚一緒にM。縫い代は後ろ側に倒す)
7 裾を三つ折りにして縫う
8 衿ぐり見返しの肩を縫い (縫い代は割る)、
　身頃と中表に合わせて縫い返す (p.58参照)
9 スリット止りまで袖下を縫い
　(2枚一緒にM。縫い代は後ろ側に倒す)、スリットを作る
10 袖口にカフスをつける
11 袖をつける (2枚一緒にM。縫い代は袖側に倒す)
12 肩の縫い代に見返しの奥をまつりつける。
　かぎホックをつける (p.58参照)。カフスにスナップをつける

＊Mは「縫い代にロックミシンまたはジグザグミシンをかける」の略

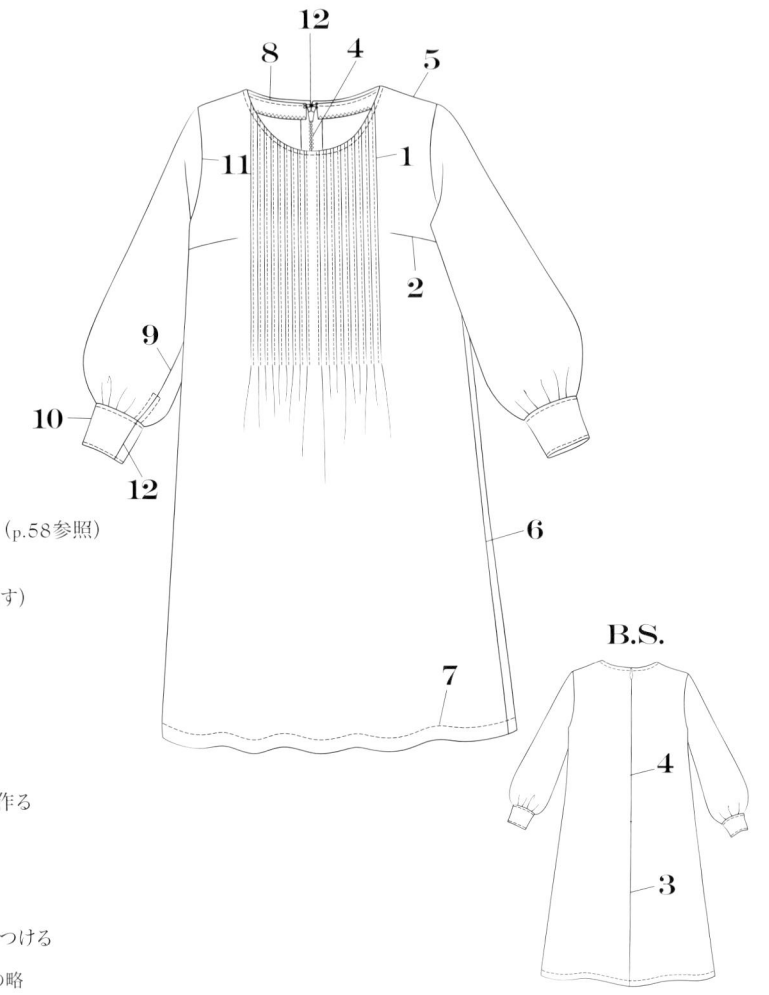

[裁ち方図・ポリエステルデシン、リバティプリント共通]
7〜11号の場合

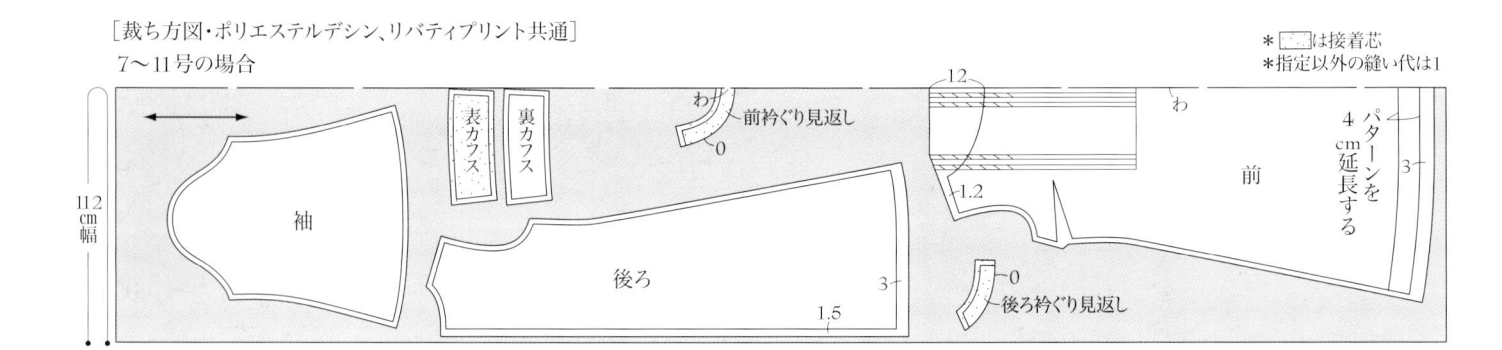

＊ □ は接着芯
＊指定以外の縫い代は1

1

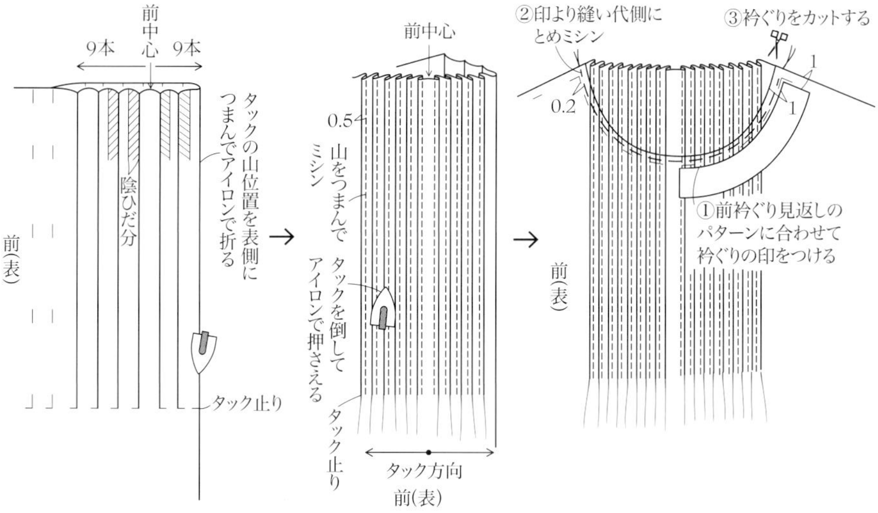
前中心
9本
9本
タックの山位置を表側につまんでアイロンで折る
陰ひだ分
前(表)
タック止り
前中心
0.5
山をつまんでミシン
タックを倒してアイロンで押さえる
タック止り
タック方向
前(表)
②印より縫い代側にとめミシン
③衿ぐりをカットする
0.2
1
1
①前衿ぐり見返しのパターンに合わせて衿ぐりの印をつける
前(表)

8

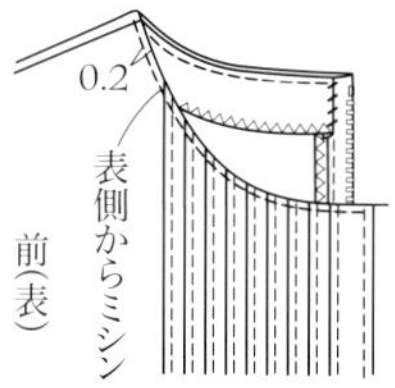
0.2
表側からミシン
前(表)

7

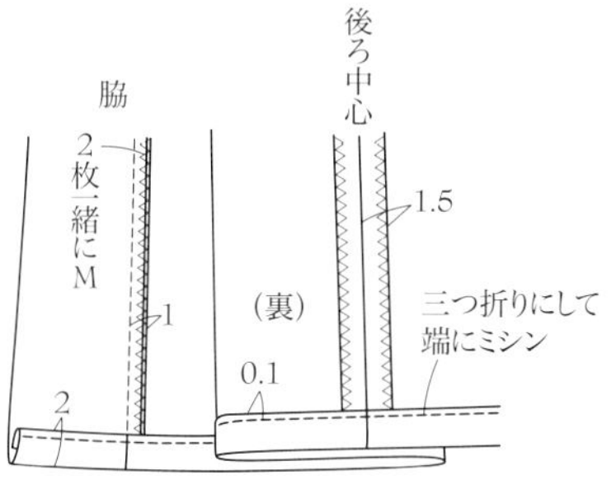
脇
後ろ中心
2枚一緒にM
1
(裏)
1.5
三つ折りにして端にミシン
0.1
2

9

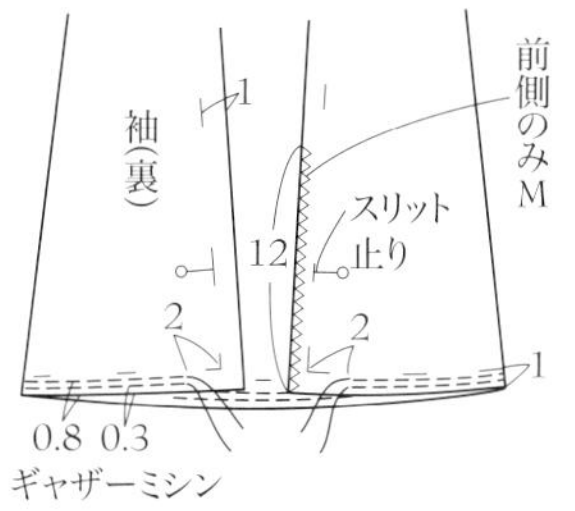
袖(裏)
1
前側のみM
12
スリット止り
2
2
1
0.8
0.3
ギャザーミシン

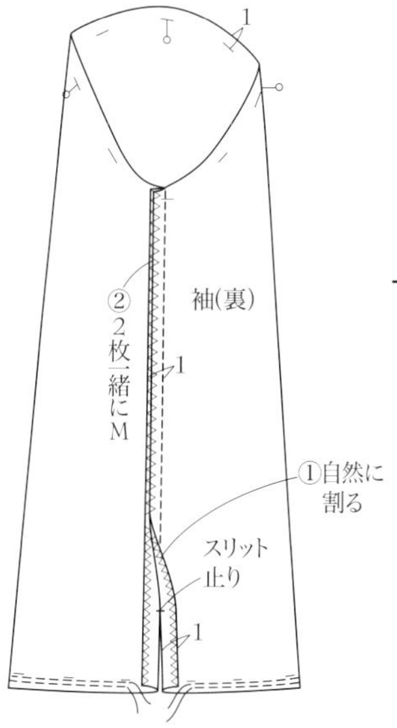
1
袖(裏)
②2枚一緒にM
1
①自然に割る
スリット止り
1

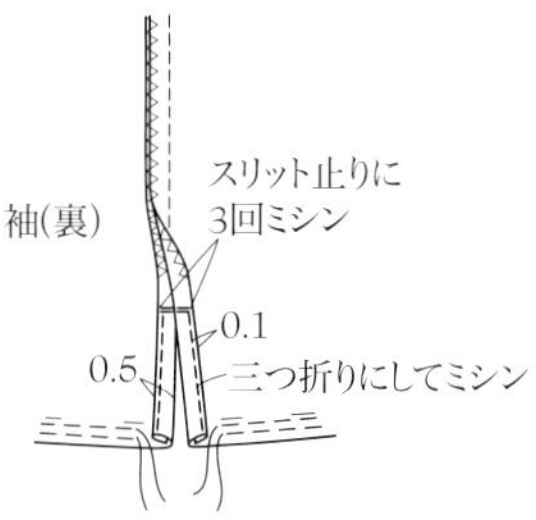
袖(裏)
スリット止りに3回ミシン
0.1
0.5
三つ折りにしてミシン

10

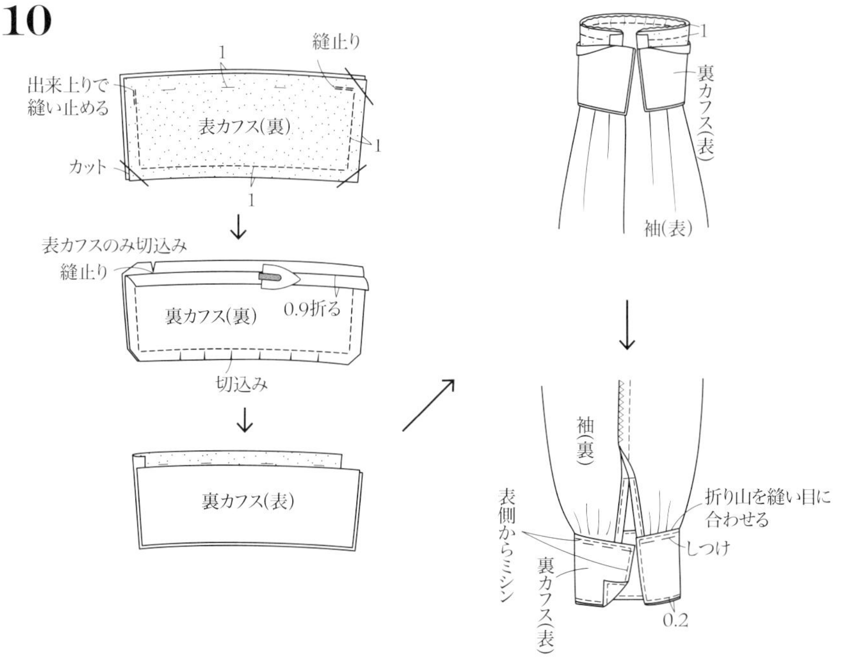
1
縫止り
出来上りで縫い止める
表カフス(裏)
1
カット
1
表カフスのみ切込み
縫止り
裏カフス(裏)
0.9折る
切込み
裏カフス(表)
1
裏カフス(表)
袖(表)
袖(裏)
表側からミシン
裏カフス(表)
折り山を縫い目に合わせる
しつけ
0.2

11

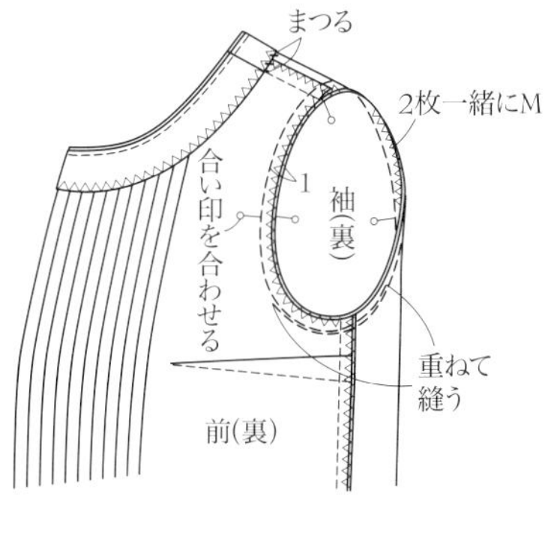
まつる
2枚一緒にM
合い印を合わせる
1
袖(裏)
重ねて縫う
前(裏)

12

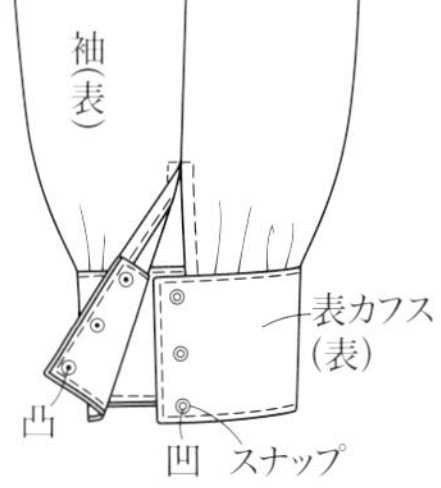
袖(表)
表カフス(表)
凸
凹
スナップ

p リネンのワンピース

実物大パターンC、D面

着丈
7号 104cm / 9号 104.5cm / 11号 105cm
13号 105.5cm / 15号 106cm
17号 106.5cm

シンプルなリネンのワンピースは夏の装いにぴったりです。お出かけにはショールやアクセサリーでドレスアップを。13～17号は身頃を横に並べて裁てないので、布幅を二つ折りにして上下に配置して裁ちます。110cm幅の布地を使用する場合は2.8m必要になります。

材料
布［麻］— 140cm幅7～11号は2.2m、13～17号は2.6m
接着芯（衿ぐり見返し）— 90cm幅30cm

作り方
準備…衿ぐり見返しに接着芯をはる。
　　　身頃の肩、脇、スカートの脇、衿ぐり見返しの奥にM。

1　身頃の肩を縫う（縫い代は割る）
2　身頃の脇を縫う（縫い代は割る）
3　袖口を三つ折りにして縫う
4　衿ぐり見返しの肩を縫い（縫い代は割る）、
　　身頃と中表に合わせて縫い返す。
　　肩の縫い代に見返しの奥をまつりつける
5　スカートのウエストにギャザーミシンをかけて脇を縫う
　　（縫い代は割る）
6　裾を三つ折りにして縫う
7　身頃とスカートを縫い合わせる
　　（2枚一緒にM。縫い代は身頃側に倒す）

＊Mは「縫い代にロックミシンまたはジグザグミシンをかける」の略

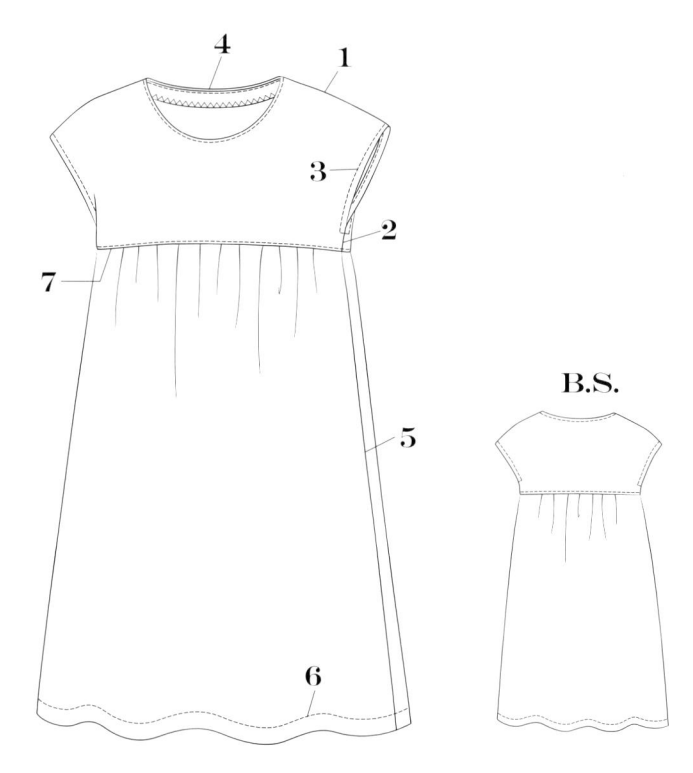

［裁ち方図・麻］
7～11号の場合

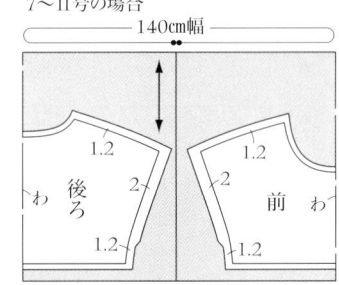

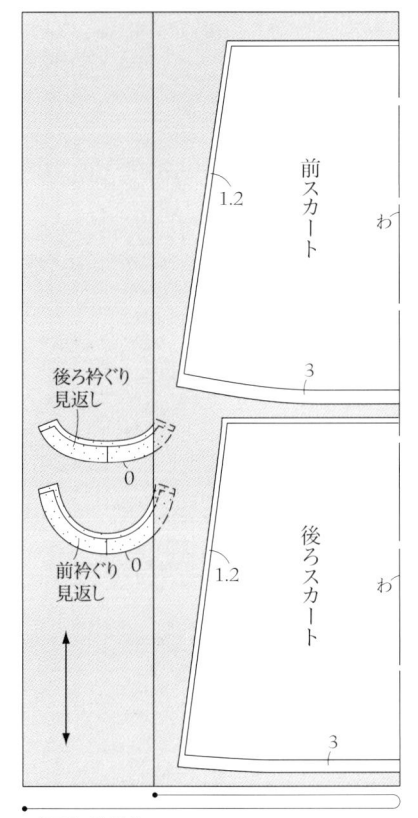

＊□□は接着芯
＊指定以外の縫い代は1

1,2

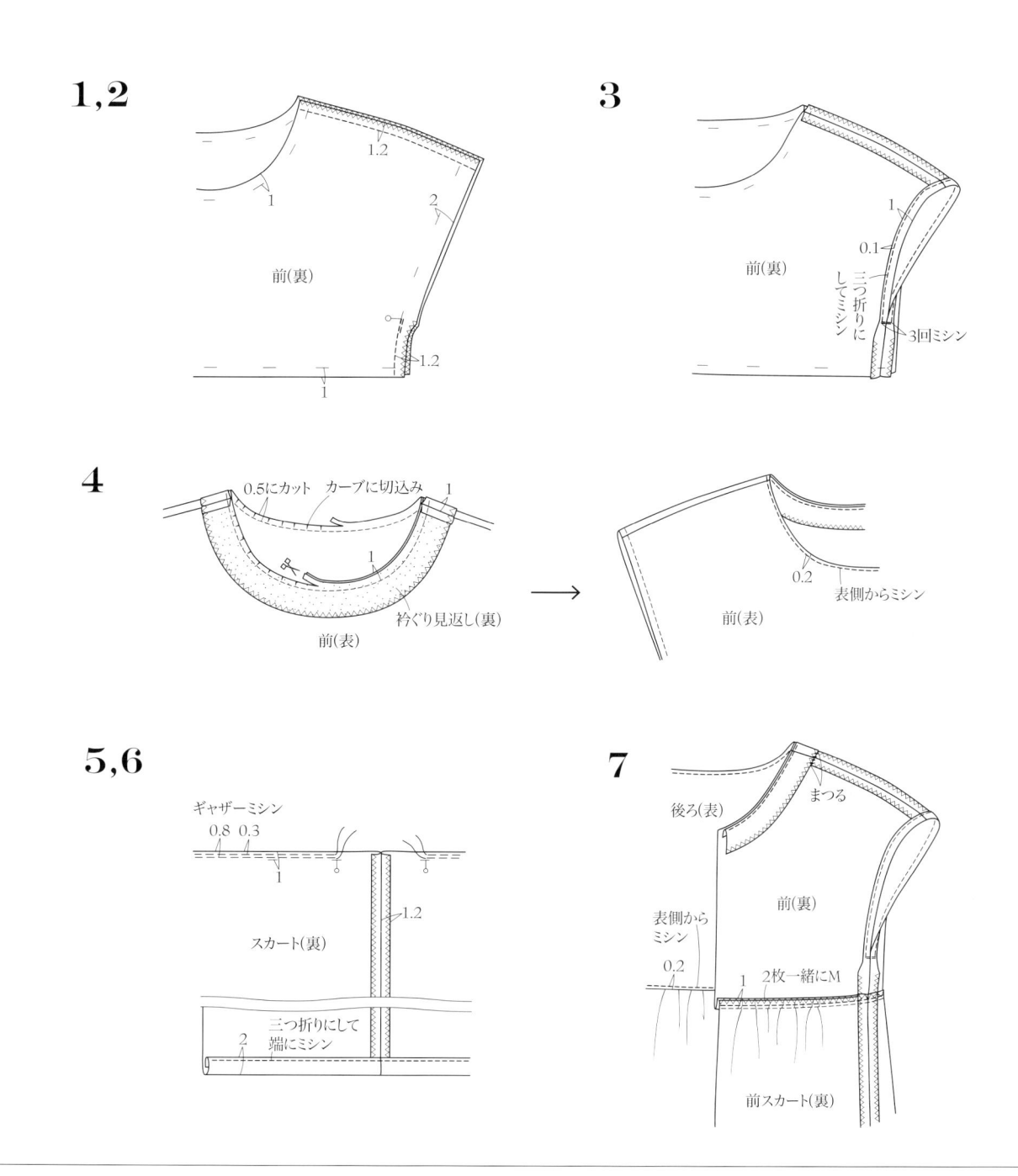

前(裏)

1
1.2
1.2
1

3

前(裏)

1
0.1
三つ折りにしてミシン
3回ミシン

4

0.5にカット　カーブに切込み
1
1
衿ぐり見返し(裏)
前(表)

→

前(表)
0.2
表側からミシン

5,6

ギャザーミシン
0.8　0.3
1
スカート(裏)
1.2
三つ折りにして端にミシン
2

7

後ろ(表)
まつる
前(裏)
表側からミシン
0.2
1　2枚一緒にM
前スカート(裏)

ボタンホールステッチで作る方法

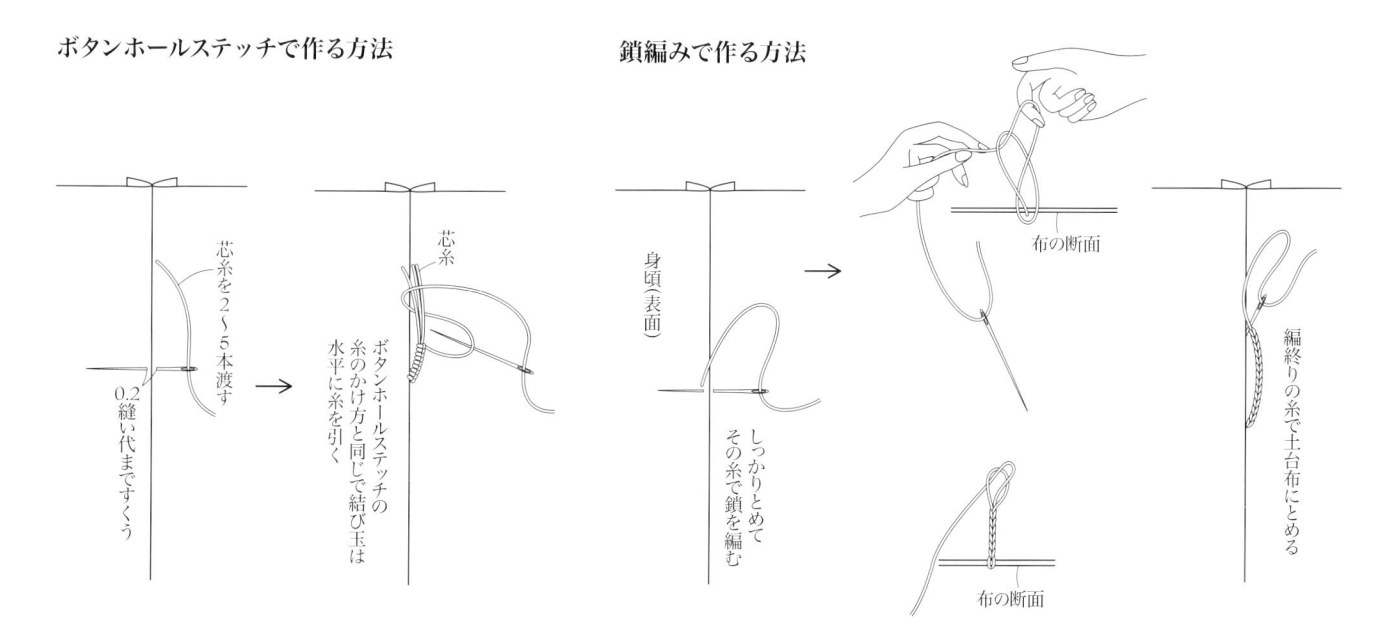

芯糸を2〜5本渡す
0.2 縫い代まですくう

→

芯糸
ボタンホールステッチの糸のかけ方と同じで結び玉は水平に糸を引く

鎖編みで作る方法

身頃(表面)
しっかりとめてその糸で鎖を編む
布の断面

→

布の断面
編終りの糸で土台布にとめる

q リバティのコンビネゾン
実物大パターンC面

着丈
7号 132.5cm / 9号 133cm / 11号 133.5cm
13号 134cm / 15号 134.5cm / 17号 135cm

ヨークとボータイの紺色のシフォンとリバティプリントの組合せが、おしゃれなフルレングスのコンビネゾンです。細かい総柄で気にならない場合は身頃を差し込んで裁ちますが、柄に方向性がある場合には一方方向で裁ちます。その場合はもう1丈分の1.3mが必要になります。

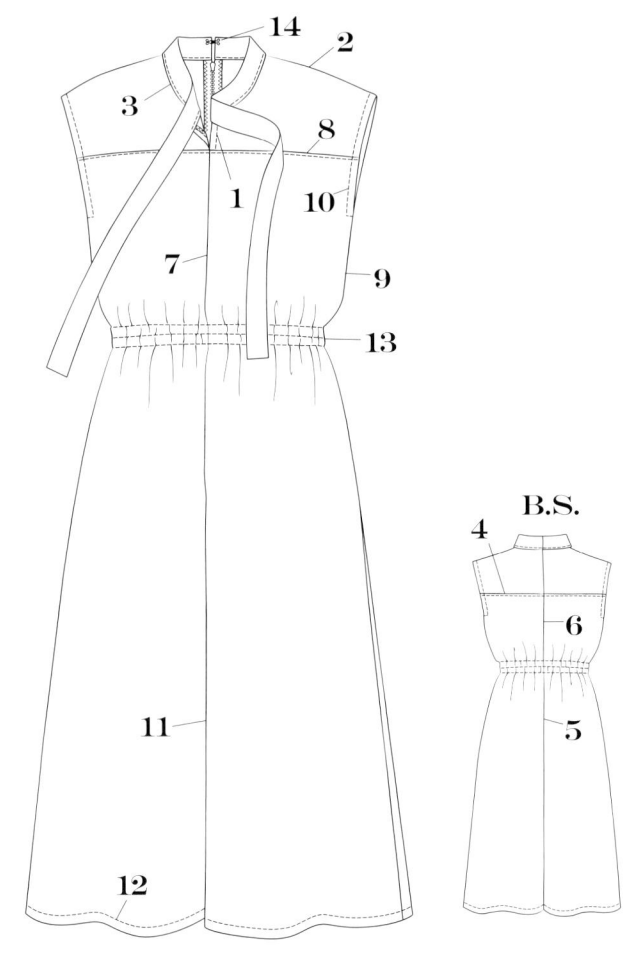

材料
布 [リバティプリント]
　— 110cm幅7～11号は3.3m、13～17号は3.5m
　[ポリエステルシフォン] — 110cm幅90cm
コンシールファスナー — 56cm
ゴムテープ (ウエスト)
　— 8コール134 / 144 / 154 / 164 / 176 / 188cm
　　(67 / 72 / 77 / 82 / 88 / 94cmを各2本)
かぎホック — 1組み

作り方
1　前ヨークの前端を三つ折りにして縫う
2　肩を縫う (2枚一緒にM。縫い代は後ろ側に倒す)
3　ボータイを衿ぐりにつけて先の部分を縫い返す
4　後ろヨークと後ろ身頃を縫い合わせる
　　(2枚一緒にM。縫い代は身頃側に倒す)
5　後ろ中心のあき止りから股ぐりにかけて縫う (ウエストから上は別々に、残りは2枚一緒にM。縫い代は右身頃側に倒す)。
　　ファスナーつけ位置を粗ミシンで縫う (縫い代は割る) (p.58参照)
6　ファスナーをつける (p.58参照)。ボータイを仕上げる
7　前身頃の中心を縫う (2枚一緒にM。縫い代は右身頃側に倒す)
8　前ヨークと前身頃を縫い合わせる
　　(2枚一緒にM。縫い代は身頃側に倒す)。前脇の袖ぐり下にM
9　脇を縫う (2枚一緒にM。縫い代は後ろ側に倒す)
10　袖ぐりを三つ折りにして縫う
11　股下を縫う (2枚一緒にM。縫い代は後ろ側に倒す)
12　裾を三つ折りにして縫う
13　ウエストの裏側にゴムテープ通しの当て布を縫いつけ、ゴムテープを通す
14　かぎホックをつける

＊Mは「縫い代にロックミシンまたはジグザグミシンをかける」の略

[裁ち方図・リバティプリント]

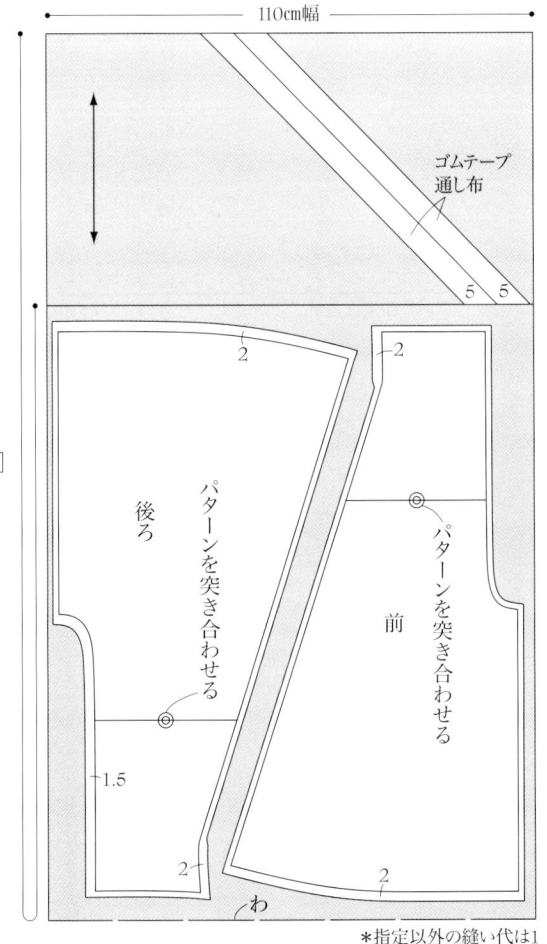

[裁ち方図・ポリエステルシフォン]

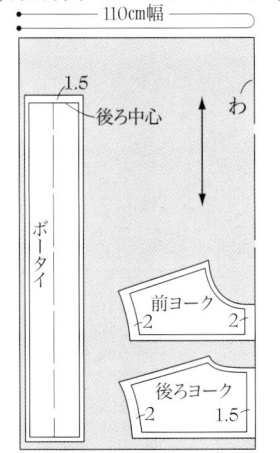

＊指定以外の縫い代は1

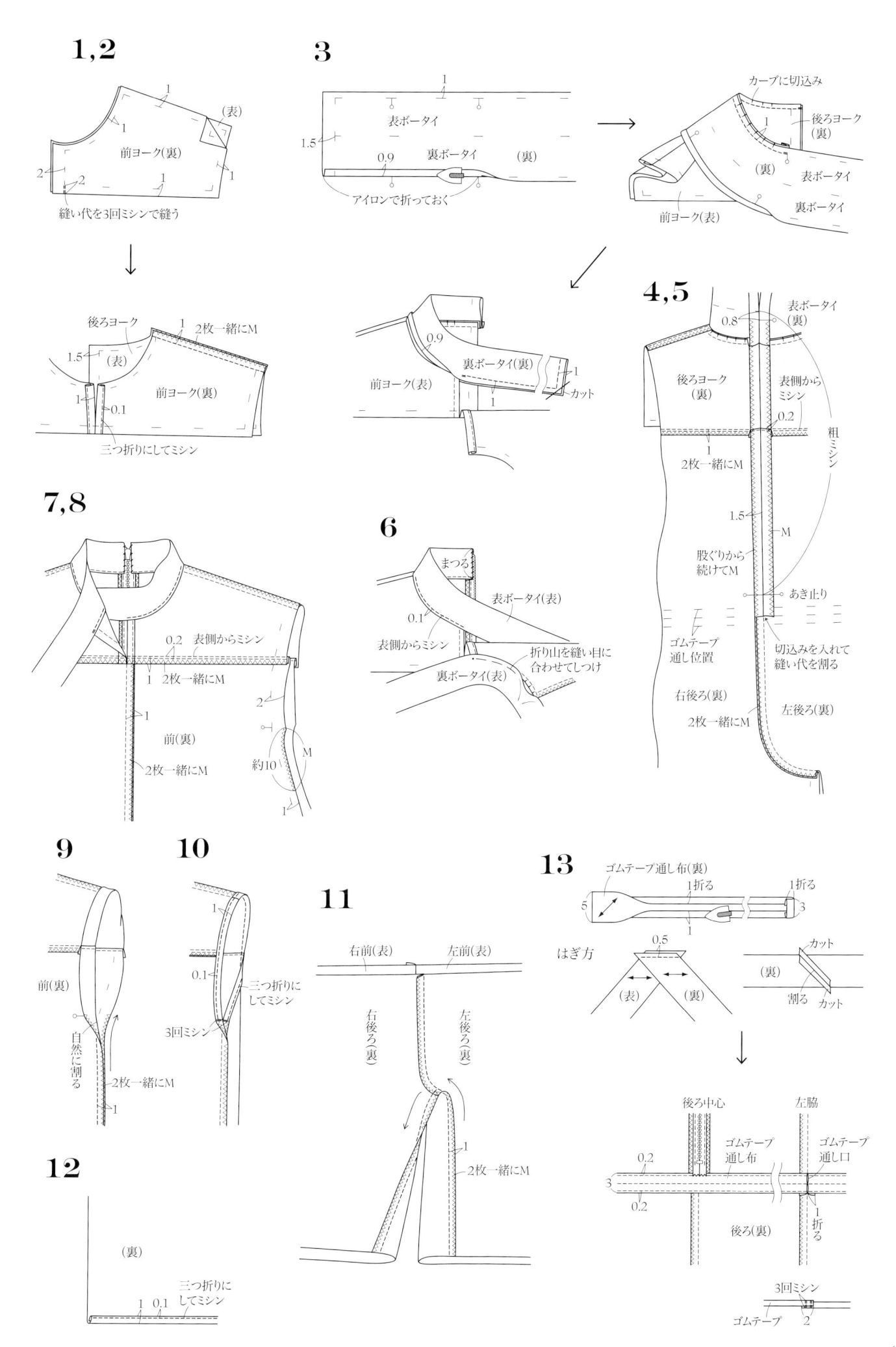

1, 2

前ヨーク(裏)
(表)
縫い代を3回ミシンで縫う

後ろヨーク(表)
2枚一緒にM
三つ折りにしてミシン
前ヨーク(裏)

3

表ボータイ
裏ボータイ (裏)
アイロンで折っておく

カーブに切込み
後ろヨーク(裏)
表ボータイ
裏ボータイ
前ヨーク(表)

前ヨーク(表)
裏ボータイ(裏)
カット

4, 5

表ボータイ(裏)
後ろヨーク(裏)
表側からミシン
粗ミシン
2枚一緒にM
股ぐりから続けてM
あき止り
切込みを入れて縫い代を割る
ゴムテープ通し位置
右後ろ(裏)
2枚一緒にM
左後ろ(裏)

7, 8

表側からミシン
前(裏)
2枚一緒にM
約10

6

まつる
表ボータイ(表)
表側からミシン
裏ボータイ(表)
折り山を縫い目に合わせてしつけ

9

前(裏)
自然に割る
2枚一緒にM

10

三つ折りにしてミシン
3回ミシン

11

右前(表) 左前(表)
右後ろ(裏) 左後ろ(裏)
2枚一緒にM

12

(裏)
三つ折りにしてミシン

13

ゴムテープ通し布(裏)
1折る
5
3
はぎ方
0.5
(表) (裏)
(裏)
割る
カット

後ろ中心 左脇
ゴムテープ通し布
ゴムテープ通し口
後ろ(裏)
1折る
3回ミシン
ゴムテープ

r ジョーゼットのツーピース

実物大パターンA、B、C、D面

ブラウスの着丈
7号 56.5cm / 9号 57cm / 11号 57.5cm
13号 58cm / 15号 58.5cm / 17号 59cm

スカート丈
7～17号 66cm

材料

布［ポリエステルジョーゼット］— 112cm幅7、9号は3.8m、
　11～17号は3.9m（スカートの前後にはぎを入れる場合）
接着芯（衿ぐり見返し、裏ウエストヨーク見返し）— 90cm幅60cm
伸止めテープ（ファスナー部分）— 15mm幅50cm
コンシールファスナー（スカート）— 22cm
ゴムテープ（袖口）— 1.5cm幅44 / 44 / 46 / 46 / 50 / 50cm
　（22 / 22 / 23 / 23 / 25 / 25cmを各2本）
かぎホック（スカート）— 1組み

作り方

準備…ブラウスの衿ぐり見返し、
　　　スカートの裏ウエストヨークに接着芯をはる。
　　　スカートの脇、裏ウエストヨークの奥、
　　　衿ぐり見返しの奥にM。

ブラウス

1 前肩ヨークと前身頃を縫い合わせる
　（2枚一緒にM。縫い代はヨーク側に倒す）
2 肩を縫う（2枚一緒にM。縫い代は後ろ側に倒す）
3 衿ぐり見返しの肩を縫い（縫い代は割る）、
　身頃と中表に合わせて縫い返す
4 脇を縫う（2枚一緒にM。縫い代は後ろ側に倒す）
5 裾を三つ折りにして縫う
6 ゴムテープ通し口を残して袖下を縫う
　（2枚一緒にM。縫い代は後ろ側に倒す）
7 袖口を三つ折りにして縫い、ゴムテープを通す
8 袖をつける（2枚一緒にM。縫い代は身頃側に倒す）
　（p.63参照）

スカート

1 スカートの右脇を縫う（縫い代は割る）
2 表裏ウエストヨークの右脇をそれぞれ縫う（縫い代は
　割る）、表ウエストヨークとスカートを縫い合わせる。
　左脇のファスナー部分に伸止めテープをはる
3 左脇のあき止りから裾までを縫う。
　ファスナーつけ位置を粗ミシンで縫う（縫い代は割る）
　（p.58参照）
4 ファスナーをつける（p.58参照）
5 表ウエストヨークと裏ウエストヨークを
　中表に合わせて縫い返す
6 裾を三つ折りにして縫う
7 スカートのタックを縫う
8 かぎホックをつける（p.58参照）

＊Mは「縫い代にロックミシンまたはジグザグミシンをかける」
　の略

軽くてしわになりにくいポリエステルジョーゼットのツーピースは旅にはぴったりの素材です。ブラウスをインにしてワンピース風にも着こなせます。11～17号のスカートは布幅が足りないため、前後中心にはぎを入れて裁断しますが、無地や柄が気にならない場合はスカートを横地にしてはぎを入れずに裁断するといいでしょう。

［裁ち方図・ポリエステルジョーゼット］

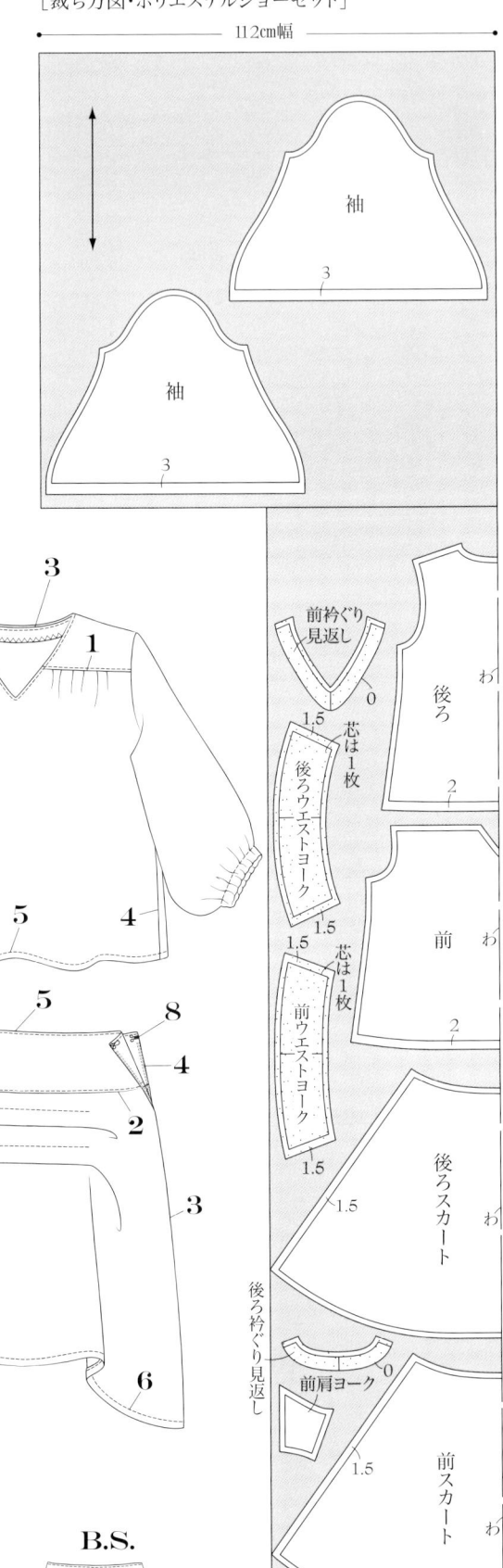

＊□は接着芯
＊指定以外の縫い代は1

ブラウス

1

ギャザーミシン
0.8 0.3
前

3

前肩ヨーク(表)
カーブに切込み
0.5にカット
切込み
表側からミシン
衿ぐり見返し
前(表)
(裏)

2枚一緒にM
0.2
表側からミシン
縫い代にまつる
前(裏)
(表)
衿ぐり見返し

4,5

前(裏)
2枚一緒にM
1
三つ折りにしてミシン
1 0.1

6

前袖(裏)
前袖のみ切込み
0.5
縫う
2ゴムテープ通し口
3

2枚一緒にM
縫い代をとめるミシン

7

袖(裏)
三つ折りにしてミシン
0.1
2
2重ねる
3回ミシン
ゴムテープ

スカート

1,2

1.5幅の伸止めテープ
表前ウエストヨーク(裏)
前スカート(裏)
1.5
左脇
右脇

5

カーブに切込み
0.5にカット
出来上りで折る
裏前ウエストヨーク(裏)
1.5
0.5控えて折る
前スカート(表)
後ろスカート(表)

まつる
表側からミシン
0.2
しつけをする
0.2
前スカート(裏)

7,8

かぎホック(受け側)
0.1出す
かぎホック(かぎ側)
0.1控える
3
タックを表側につまんで縫う
3
前スカート(表)

6

(裏)
三つ折りにしてミシン
0.5 0.1

s 黒の7分袖ワンピース

実物大パターンA、B面

着丈
7号 101.5cm / 9号 102cm / 11号 102.5cm
13号 103cm / 15号 103.5cm
17号 104cm

フォーマルブラック用のやや地厚の化繊なので、きちんとしたシルエットが出るのが特徴の布地です。前身頃に短冊のようにタックをたたんでいます。110cm幅の布地を使用する場合は3m必要になります。

材料

布［フォーマルブラック（TIARA）］― 140cm幅2.6m
接着芯（表衿）― 60×20cm
伸止めテープ（ファスナー部分）― 1.5cm幅1m
コンシールファスナー ― 56cm
かぎホック ― 1組み

作り方

準備…表衿に接着芯をはる。
　　　身頃の後ろ中心の縫い代に伸止めテープをはる。
　　　身頃の肩、後ろ脇、後ろ中心、袖下、袖口、スカートの脇、後ろ中心、裾にM。

1　前身頃のタックを縫う
2　胸ダーツを縫う（上側に倒し、脇にM）。
　　ウエストダーツを縫う（中心側に倒す）
3　スカートのウエストにギャザーを寄せて身頃と縫い合わせる
　　（2枚一緒にM。縫い代は身頃側に倒す）
4　脇を縫う（縫い代は割る）
5　肩を縫う（縫い代は割る）
6　衿を作る
7　表衿を身頃につける
8　後ろ中心のあき止まりから裾までを縫う。
　　ファスナーつけ位置を粗ミシンで縫う（縫い代は割る）
9　ファスナーをつける（p.58参照）
10　裾を二つ折りにして縫う
11　袖下を縫う（縫い代は割る）
12　袖口を二つ折りにして縫う
13　袖をつける（2枚一緒にM。縫い代は袖側に倒す）（p.58参照）
14　裏衿を身頃にまつりつける
15　かぎホックをつける（p.58参照）

＊Mは「縫い代にロックミシンまたはジグザグミシンをかける」の略

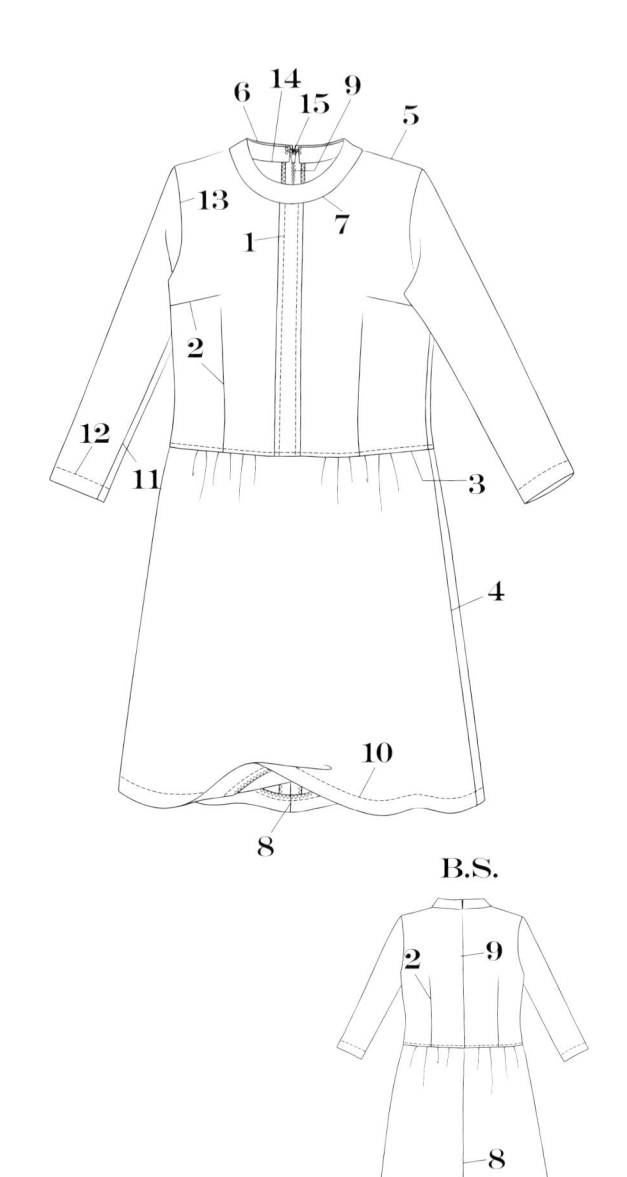

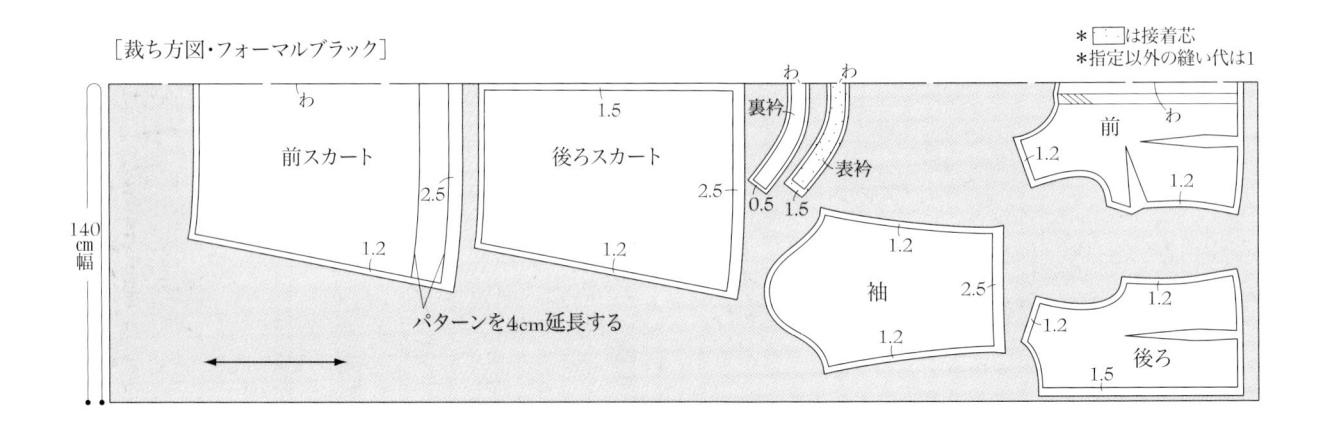

［裁ち方図・フォーマルブラック］

＊□は接着芯
＊指定以外の縫い代は1

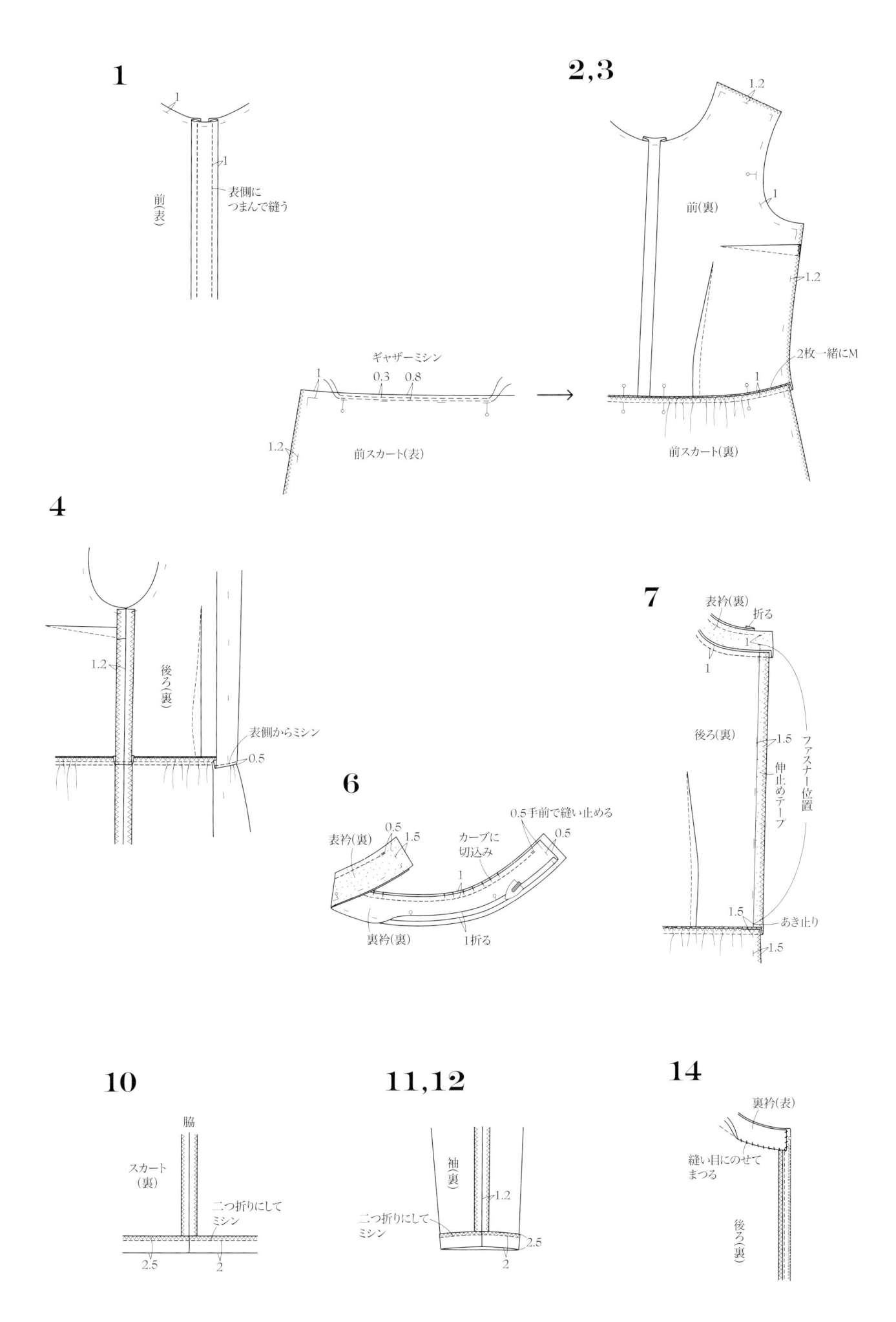

1

前(表)
表側につまんで縫う

2,3

前(裏)
2枚一緒にM
前スカート(裏)

ギャザーミシン
0.3　0.8
前スカート(表)
1.2

4

後ろ(裏)
1.2
表側からミシン
0.5

6

表衿(裏)　0.5　1.5
カーブに切込み
0.5手前で縫い止める
0.5
裏衿(裏)
1折る

7

表衿(裏)　折る
1
後ろ(裏)
1.5
ファスナー位置
伸止めテープ
1.5
あき止り
1.5

10

脇
スカート(裏)
二つ折りにしてミシン
2.5　2

11,12

袖(裏)
1.2
二つ折りにしてミシン
2.5　2

14

裏衿(表)
縫い目にのせてまつる
後ろ(裏)

t シフォンのミニドレス

実物大パターンC、D面

着丈
7号 88.5cm / 9号 89cm / 11号 89.5cm
13号 90cm / 15号 90.5cm / 17号 91cm

シルクシフォンの柔らかさを生かしたミニドレスは、たっぷりした袖口がエレガントなデザインです。前ヨークのフリルはバイアス裁ちにして、切りっぱなしで使用します。ミニドレスは裏をつけずに一枚仕立てにし、下に黒のアンダードレスを合わせています。ミニドレスに110cm幅の布地を使用する場合は3.5m必要になります。

材料

ワンピース
布[シルクシフォン] — 140cm幅2.6m
接着芯（衿ぐり見返し）— 90cm幅30cm
ゴムテープ（袖口）— 2.5cm幅44 / 44 / 46 / 46 / 50 / 50cm
アンダードレス
裏布 — 94cm幅2.3m

作り方

準備…衿ぐり見返しに接着芯をはり、見返しの奥にM。

1 前端リボンを作る
2 前ヨークにフリルをつける
3 身頃の肩を縫う（2枚一緒にM。縫い代は後ろ側に倒す）
4 衿ぐり見返しの肩を縫い（縫い代は割る）、
  身頃と中表に合わせて縫い返す。
  肩の縫い代に見返しの奥をまつりつける
5 ヨークの前端にリボンをはさみ、前端を縫う
6 前後身頃にギャザーを寄せてヨークと縫い合わせる
  （2枚一緒にM。縫い代はヨーク側に倒す）
7 脇を縫う（2枚一緒にM。縫い代は後ろ側に倒す）
8 裾を三つ折りにして縫う
9 ゴムテープ通し口を残して袖下を縫い、
  ゴムテープ通し口の始末をする
  （2枚一緒にM。縫い代は後ろ側に倒す）
10 袖口を三つ折りにして縫い、ゴムテープを通す
11 袖をつける（2枚一緒にM。縫い代は袖側に倒す）（p.63参照）

＊Mは「縫い代にロックミシンまたはジグザグミシンをかける」の略
＊アンダードレスの作り方はp.38、39参照

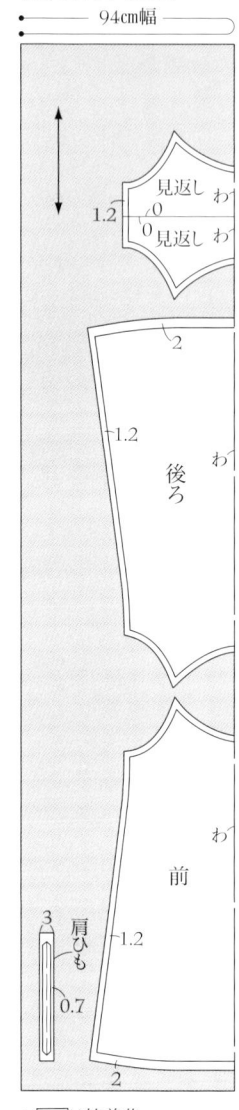

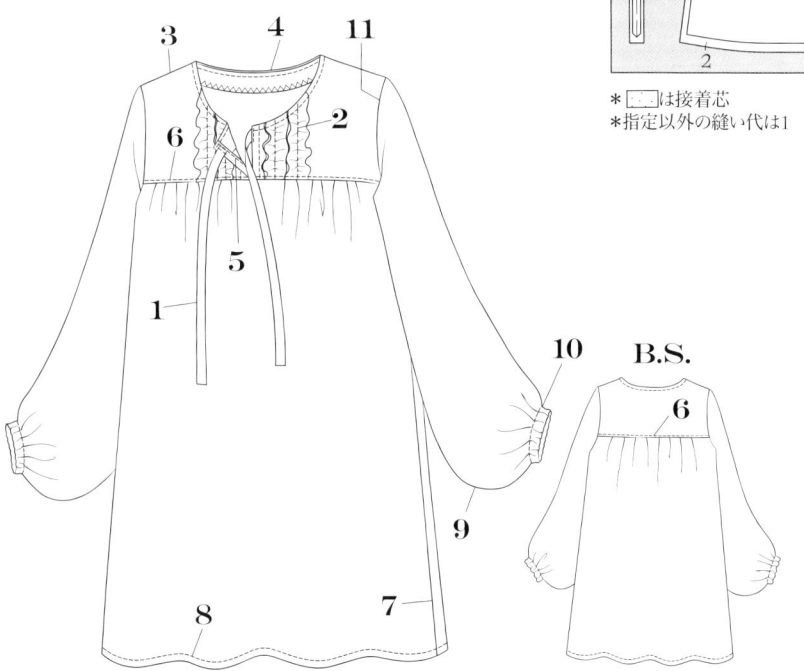

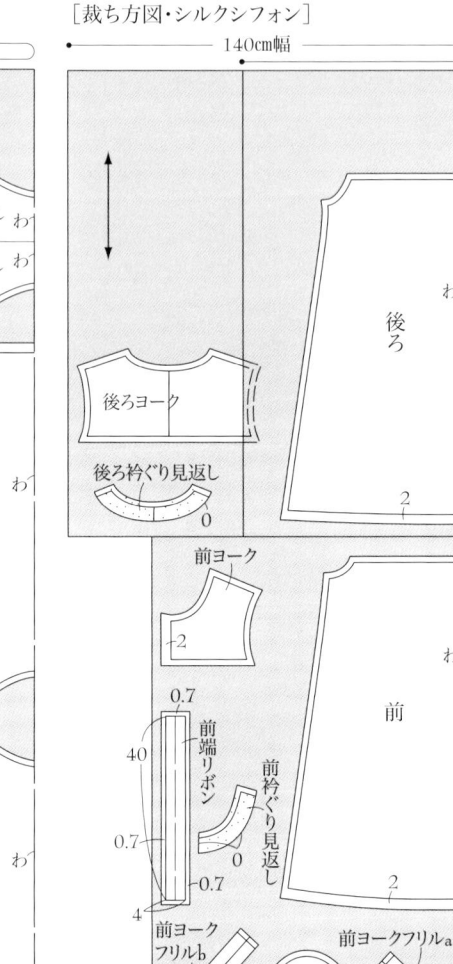

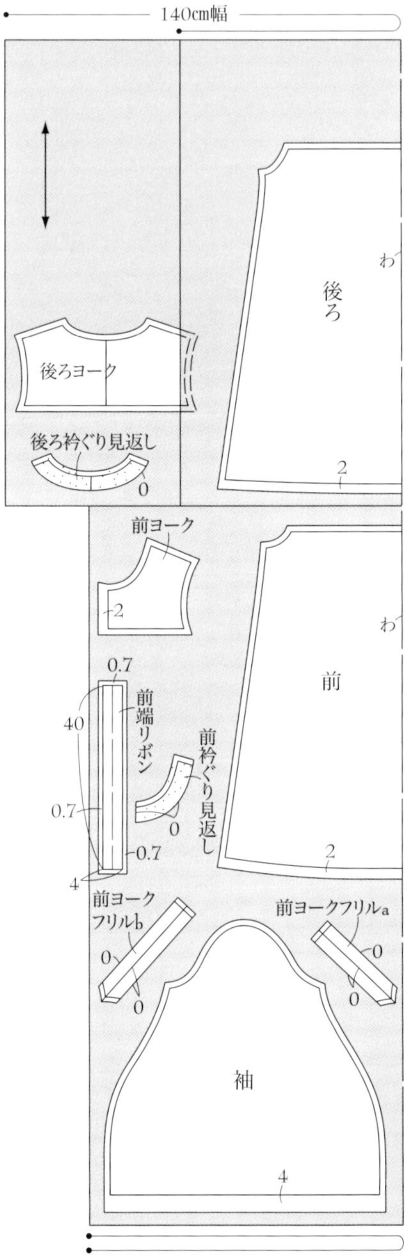

＊□□は接着芯
＊指定以外の縫い代は1

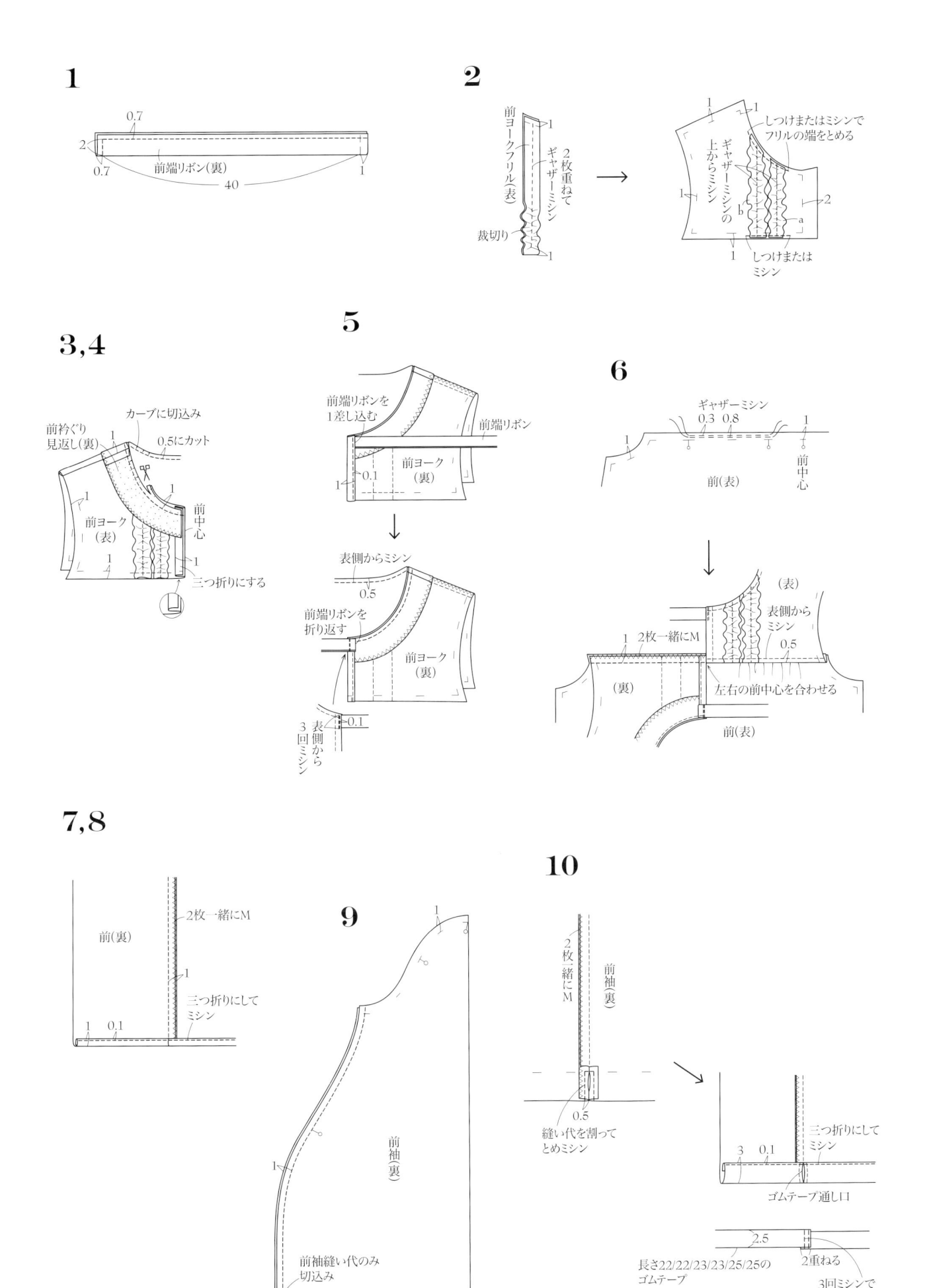

1

0.7, 2, 0.7, 前端リボン(裏), 40, 1

2

前ヨークフリル(表)　2枚重ねてギャザーミシン　裁切り　1　1

しつけまたはミシンでフリルの端をとめる　ギャザーミシンの上からミシン　1　2　b　a　1　しつけまたはミシン

3,4

前衿ぐり見返し(裏)　カーブに切込み　0.5にカット　1　前ヨーク(表)　前中心　1　三つ折りにする

5

前端リボンを1差し込む　前端リボン　前ヨーク(裏)　1　0.1

表側からミシン　0.5　前端リボンを折り返す　前ヨーク(裏)　0.1　表側から3回ミシン

6

ギャザーミシン　0.3　0.8　1　前(表)　前中心

(表)　2枚一緒にM　1　表側からミシン　0.5　(裏)　左右の前中心を合わせる　前(表)

7,8

前(裏)　2枚一緒にM　1　三つ折りにしてミシン　1　0.1

9

1　前袖(裏)　前袖縫い代のみ切込み　0.5　3ゴムテープ通し口　4

10

2枚一緒にM　前袖(裏)　0.5　縫い代を割ってとめミシン

三つ折りにしてミシン　3　0.1　ゴムテープ通し口　長さ22/22/23/23/25/25のゴムテープ　2.5　2重ねる　3回ミシンでとめる

u タフタのツーピース

実物大パターンA、B面

ブラウスの着丈
7号 54.5cm / 9号 55cm / 11号 55.5cm
13号 56cm / 15号 56.5cm / 17号 57cm

スカート丈
7〜17号 55cm

上品な光沢のあるタフタのツーピースはインにしてワンピース風にも着ることができます。たっぷりギャザーをとったスカートのフリルが華やかさを演出していますが、上からとめるだけの簡単仕立てになっています。110cm幅の布地を使用する場合は4m必要になります。

材料

布［タフタ］— 148cm幅3m
接着芯（衿ぐり見返し、袖ぐり見返し、ウエスト見返し）
　— 90cm幅50cm
コンシールファスナー — 56cm（ブラウス）、22cm（スカート）
かぎホック（ブラウス、スカート）— 2組み

スカートの作り方

準備…ウエスト見返しに接着芯をはる。
　　　スカートの脇、各フリルのはぎ目、下フリルのつけ側、
　　　ウエスト見返しの奥にM。

1　フリルの右脇をそれぞれはぎ合わせる（縫い代は割る）。
　　上フリルの両端、下フリルの裾側を三つ折りにして縫う
2　前後スカートのウエストダーツをそれぞれ縫う（中心側に倒す）
3　スカートの右脇を縫う（縫い代は割る）
4　スカートにフリルをつける。
　　スカートとフリルの左脇を重ねて仮どめする
5　あき止りから裾までを縫う。
　　ファスナーつけ位置を粗ミシンで縫う（縫い代は割る）
6　ファスナーをつける（p.58参照）
7　ウエスト見返しの右脇を縫い（縫い代は割る）、
　　スカートと中表に合わせて縫い返す
8　裾を三つ折りにして縫う
9　かぎホックをつける（p.58参照）

＊Mは「縫い代にロックミシンまたはジグザグミシンをかける」の略
＊ブラウスの作り方→p.78

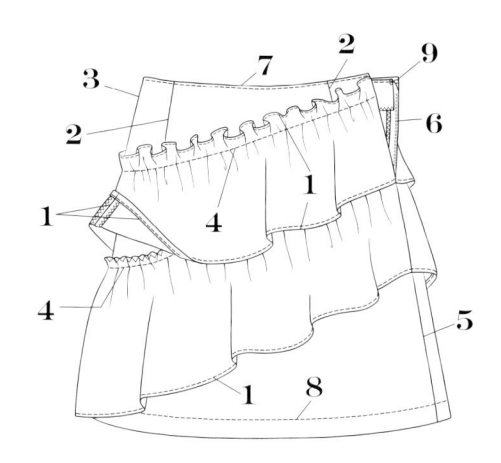

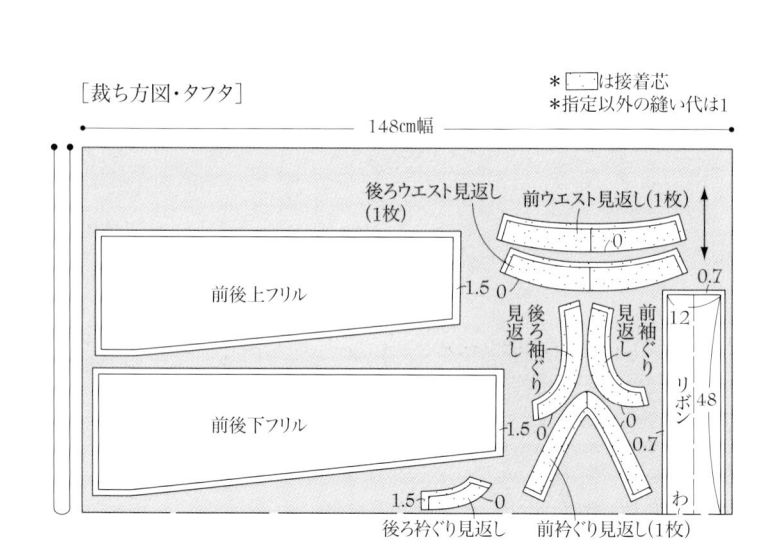

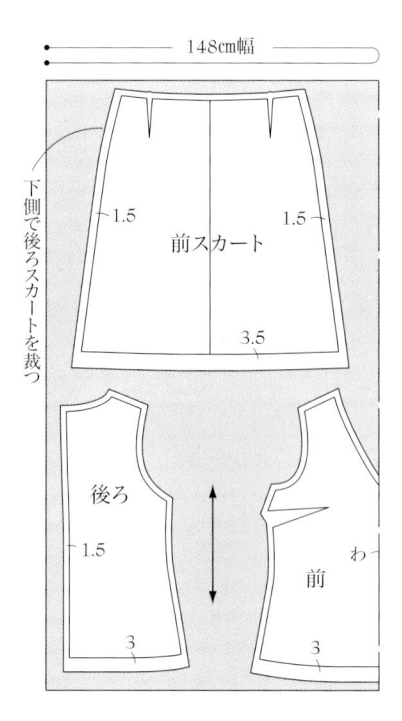

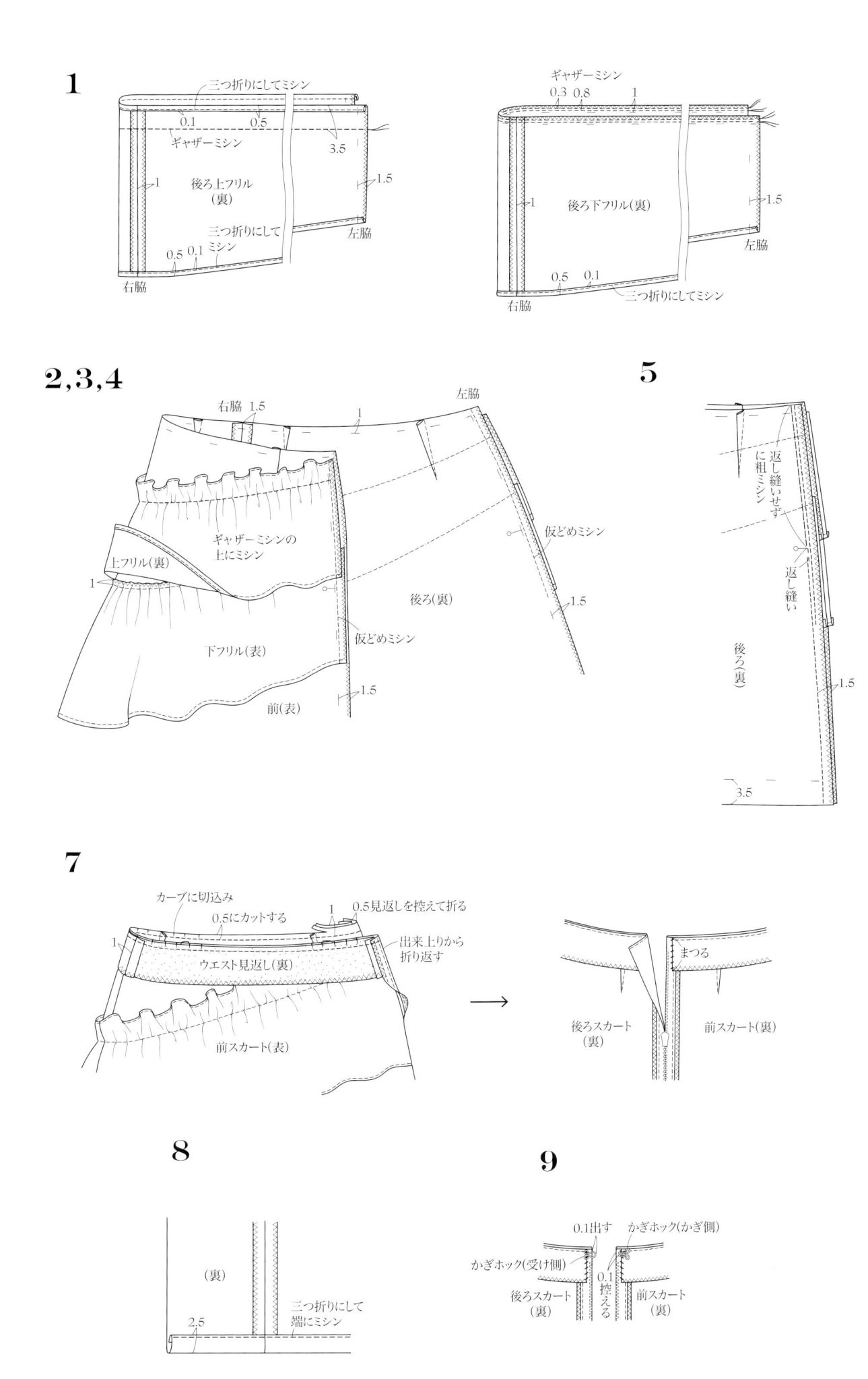

1

三つ折りにしてミシン
0.1　0.5
ギャザーミシン
後ろ上フリル（裏）
1
3.5
1.5
0.5　0.1
三つ折りにしてミシン
右脇　　　　　　左脇

ギャザーミシン
0.3　0.8　1
後ろ下フリル（裏）
1
1.5
0.5　0.1
三つ折りにしてミシン
右脇　　　　　　左脇

2, 3, 4

右脇 1.5　　　左脇
1
ギャザーミシンの上にミシン
上フリル（裏）
1
下フリル（表）
後ろ（裏）
仮どめミシン
仮どめミシン
1.5
前（表）
1.5

5

返し縫いせずに粗ミシン
返し縫い
後ろ（裏）
1.5
3.5

7

カーブに切込み
0.5にカットする
1
0.5見返しを控えて折る
出来上りから折り返す
ウエスト見返し（裏）
前スカート（表）

まつる
後ろスカート（裏）　前スカート（裏）

8

(裏)
2.5
三つ折りにして端にミシン

9

0.1出す　かぎホック（かぎ側）
かぎホック（受け側）
0.1控える
後ろスカート（裏）　前スカート（裏）

ブラウスの作り方

準備…衿ぐり見返し、袖ぐり見返しに接着芯をはる。
　　　　身頃の後ろ中心、各見返しの奥にM。

1. 胸ダーツを縫う（上側に倒す）
2. 後ろ中心のあき止りから裾までを縫う。
   ファスナーつけ位置を粗ミシンで縫う（縫い代は割る）(p.58参照)
3. ファスナーをつける (p.58参照)
4. 身頃の肩を縫う（2枚一緒にM。縫い代は後ろ側に倒す）
5. 身頃の脇を縫う（2枚一緒にM。縫い代は後ろ側に倒す）
6. 裾を三つ折りにして縫う
7. 衿ぐり見返しの肩を縫い（縫い代は割る）、
   身頃と中表に合わせて縫い返す
8. 袖ぐり見返しの肩と脇を縫い（縫い代は割る）、
   身頃と中表に合わせて縫い返す。
   肩と脇の縫い代に見返しの奥をまつりつける
9. リボンを作って右肩に縫いつける
10. かぎホックをつける

＊Mは「縫い代にロックミシンまたはジグザグミシンをかける」の略

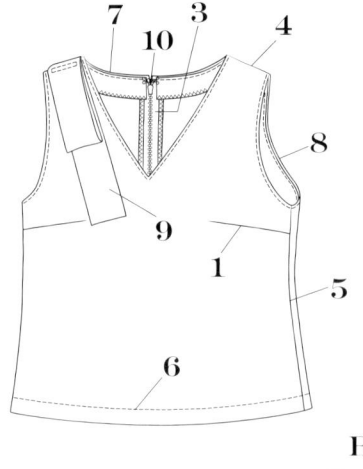

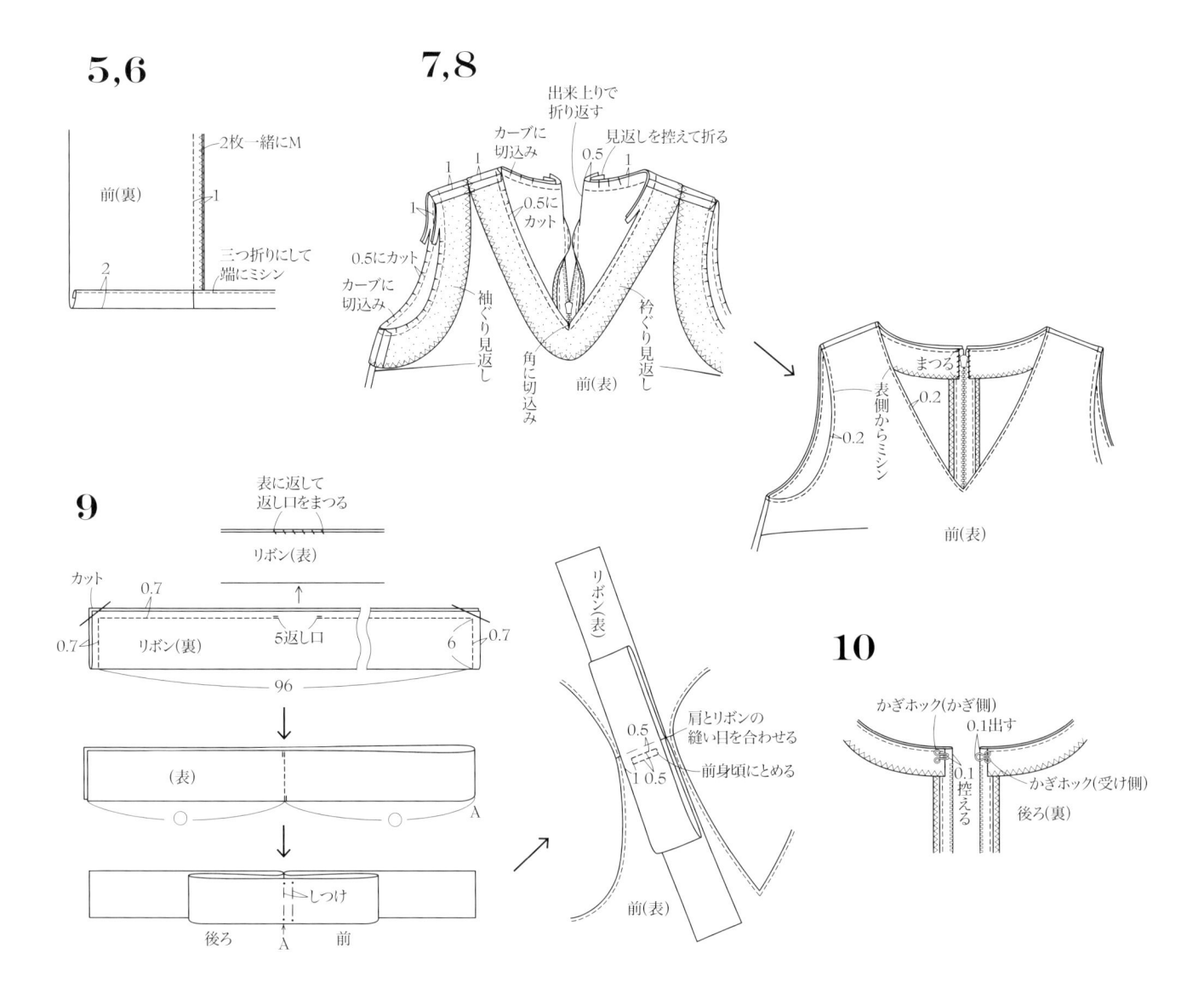

V ラグラン袖のミニドレス

実物大パターンA、B面

着丈
7号 90.5cm / 9号 91cm / 11号 91.5cm
13号 92cm / 15号 92.5cm / 17号 93cm

材料
布［ポリエステルデシン］— 112cm幅2.6m
接着芯（衿ぐり見返し）— 90cm幅30cm
ボタン — 直径1.3cmを1個

作り方
準備…衿ぐり見返しに接着芯をはる。裾、見返しの奥にM。

1 身頃と袖を縫い合わせる（2枚一緒にM。縫い代は身頃側に倒す）
2 衿ぐり見返しの肩を縫う（縫い代は割る）。
　身頃と中表に合わせ、スラッシュと衿ぐりを続けて縫い返す
3 袖下と脇を続けて縫う（2枚一緒にM。縫い代は後ろ側に倒す）
4 袖口を三つ折りにして縫う
5 裾を二つ折りにして縫う
6 ボタンと糸ループをつける（p.67参照）

＊Mは「縫い代にロックミシンまたはジグザグミシンをかける」の略

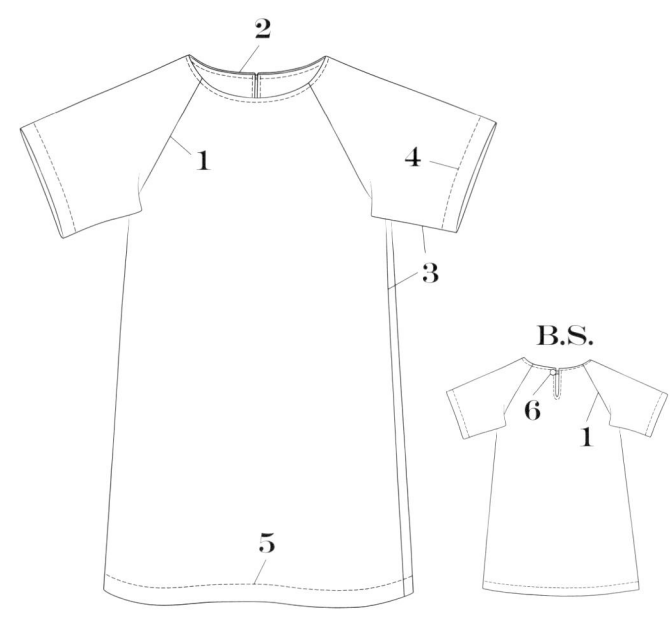

［裁ち方図・ポリエステルデシン］

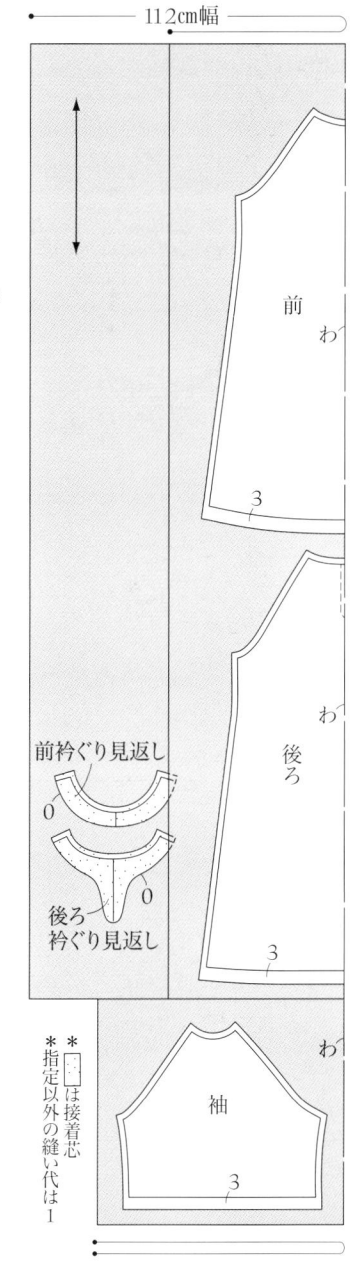

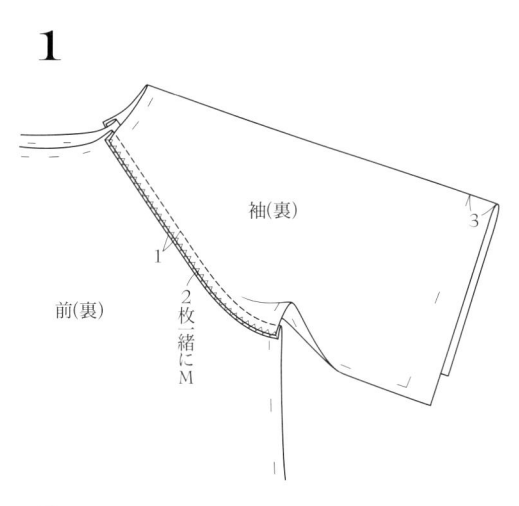

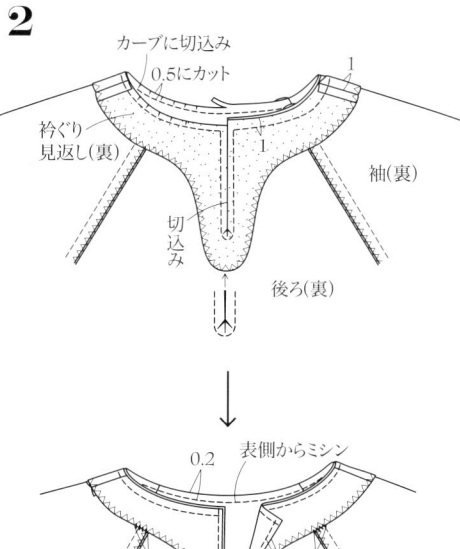

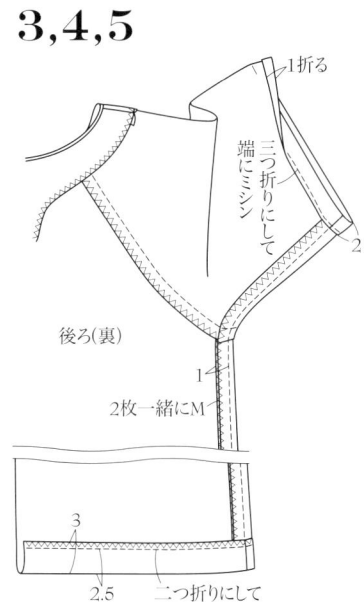

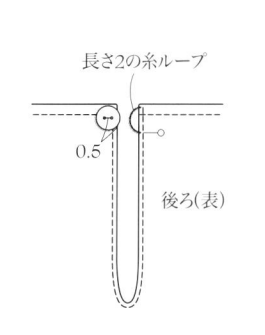

Dress page 28

w 飾り衿つきワンピース

実物大パターンC、D面

着丈
7号 104cm / 9号 104.5cm / 11号 105cm
13号 105.5cm / 15号 106cm
17号 106.5cm

シンプルなリネンのワンピースも飾り衿を合わせれば、おしゃれなお出かけ着に変わります。この飾り衿用リボンはオーガンディにビーズや刺繍が施されたもので、そのリボンを2枚重ねてとめただけの簡単仕立です。

材料
布［麻］— 110cm幅2.5m
接着芯（衿ぐり見返し）— 90cm幅30cm
飾り衿用リボン — 6.5cm幅115cm
グログランリボン — 5mm幅125cm

作り方
準備…衿ぐり見返しに接着芯をはる。
　　　身頃の肩、脇、衿ぐり見返しの奥にM。

ワンピース
1 身頃の肩を縫う（縫い代は割る）
2 脇を縫う（縫い代は割る）
3 袖口を三つ折りにして縫う
4 裾を三つ折りにして縫う
5 衿ぐり見返しの肩を縫い（縫い代は割る）、身頃と中表に合わせて縫い返す。肩の縫い代に見返しの奥をまつりつける

飾り衿
1 飾り衿用リボンの端を重ねてミシンまたは並縫いでとめる
2 グログランリボンをミシンまたは並縫いで、飾り衿用リボンにとめる

＊Mは「縫い代にロックミシンまたはジグザグミシンをかける」の略

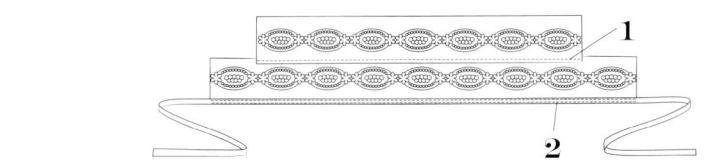

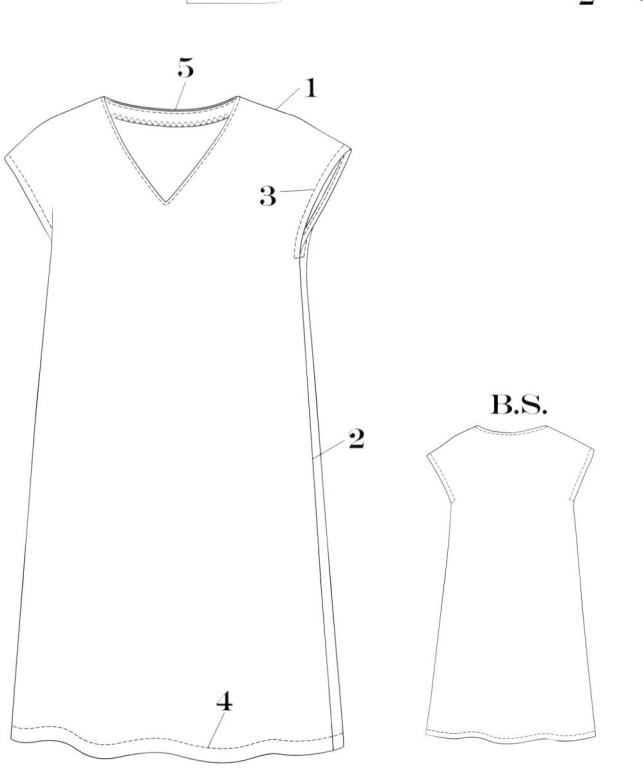

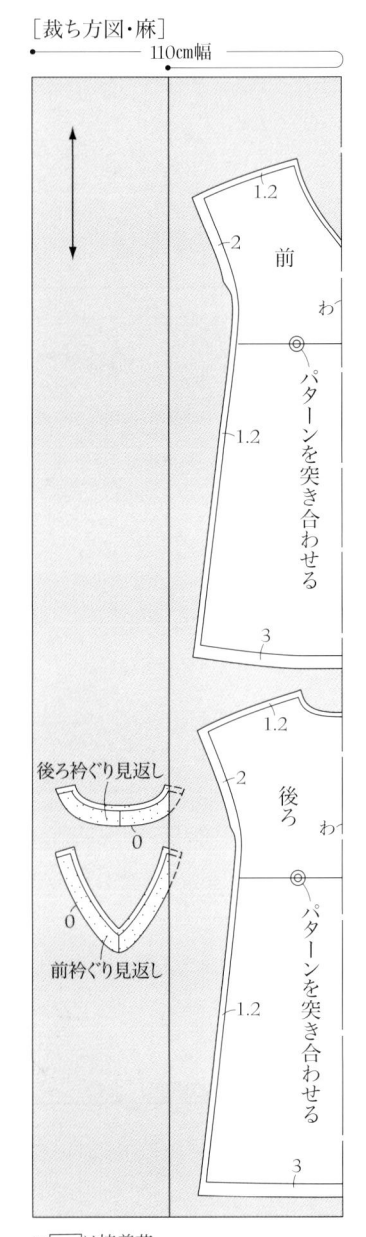

［裁ち方図・麻］
110cm幅
パターンを突き合わせる
前 わ
後ろ衿ぐり見返し
前衿ぐり見返し
後ろ わ
パターンを突き合わせる

＊□□は接着芯
＊指定以外の縫い代は1

B.S.

ワンピース

1, 2

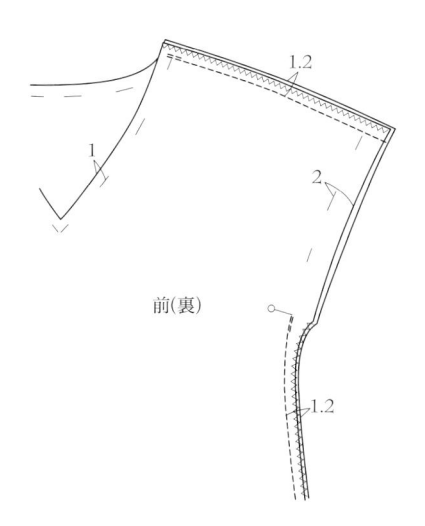

前(裏)

1.2
1
2
1.2

3

前(裏)

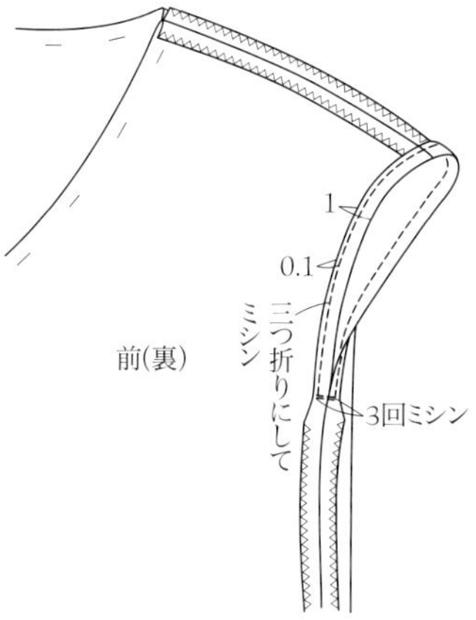

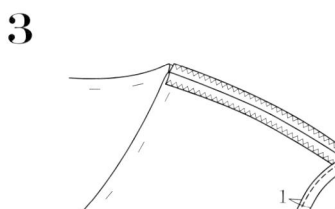

1
0.1
三つ折りにして
ミシン
3回ミシン

4

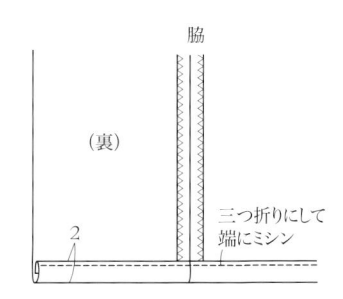

脇
(裏)
2
三つ折りにして
端にミシン

5

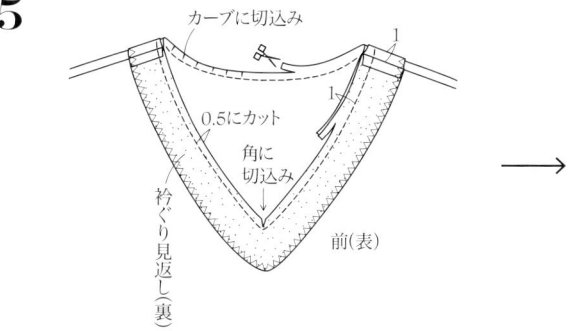

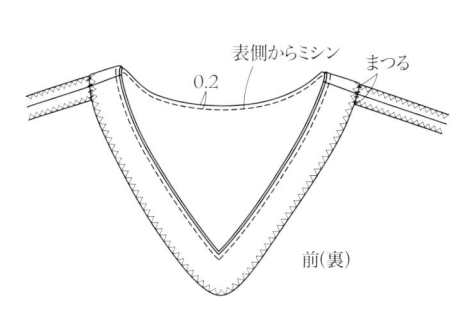

カーブに切込み
1
0.5にカット
角に切込み
衿ぐり見返し(裏)
前(表)

→

表側からミシン
まつる
0.2
前(裏)

飾り衿

1, 2

65
50
リボン(表)　①ミシンまたは並縫いでとめる
リボン(表)　0.5　1重ねる
端をそろえてのせる
長さ125のグログランリボン
②テープの両端をミシンまたは並縫いでとめる

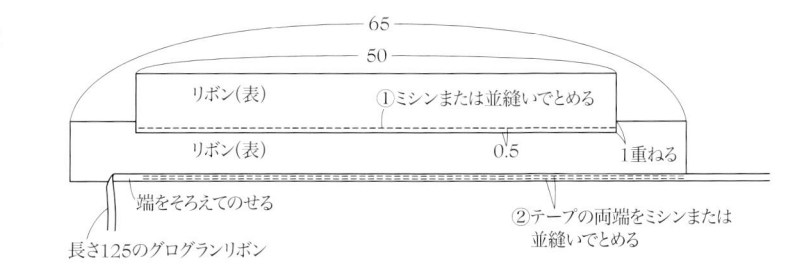

x 黒のフリルつきボレロ

実物大パターンC、D面

着丈
7号 43.5cm / 9号 44cm / 11号 44.5cm
13号 45cm / 15号 45.5cm / 17号 46cm

yのワンピースに合わせて、アンサンブルとしても着られるボレロです。前フリルの上端をわにして裁ち、2枚重ねにした円形のフリルがポイントです。110cm幅の布地を使用する場合は2.8m必要になります。

材料

布［ポリエステルジョーゼット］
— 148cm幅7〜13号は1.6m、15、17号は1.7m

作り方

準備…前フリルと後ろ裾フリルの脇、袖口にM。

1. 肩を縫う（2枚一緒にM。縫い代は後ろ側に倒す）
2. 脇を縫う（2枚一緒にM。縫い代は後ろ側に倒す）
3. 前フリルと後ろ裾フリルをはぎ合わせる（縫い代は割る）。輪になったフリルの外回りにM
4. フリルを2枚重ねにして身頃と縫い合わせる（2枚一緒にM。縫い代は身頃側に倒す）
5. 衿ぐりをバイアステープ（共布）でくるむ
6. 袖下を縫う（2枚一緒にM。縫い代は後ろ側に倒す）
7. 袖口を二つ折りにして縫う
8. 袖をつける（2枚一緒にM。縫い代は袖側に倒す）（p.63参照）

*Mは「縫い代にロックミシンまたはジグザグミシンをかける」の略

［裁ち方図・ポリエステルジョーゼット］

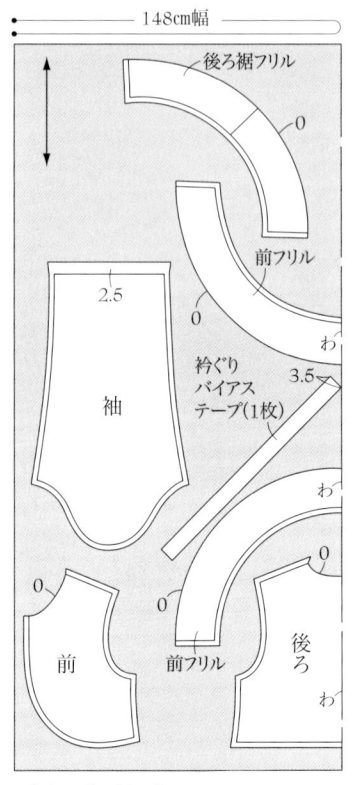

*指定以外の縫い代は1

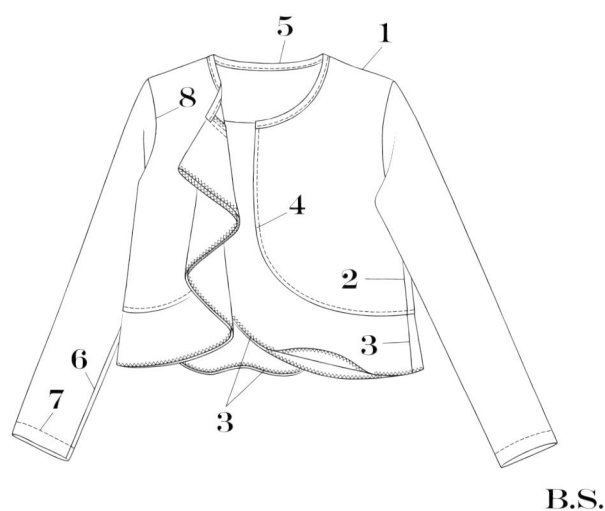

3

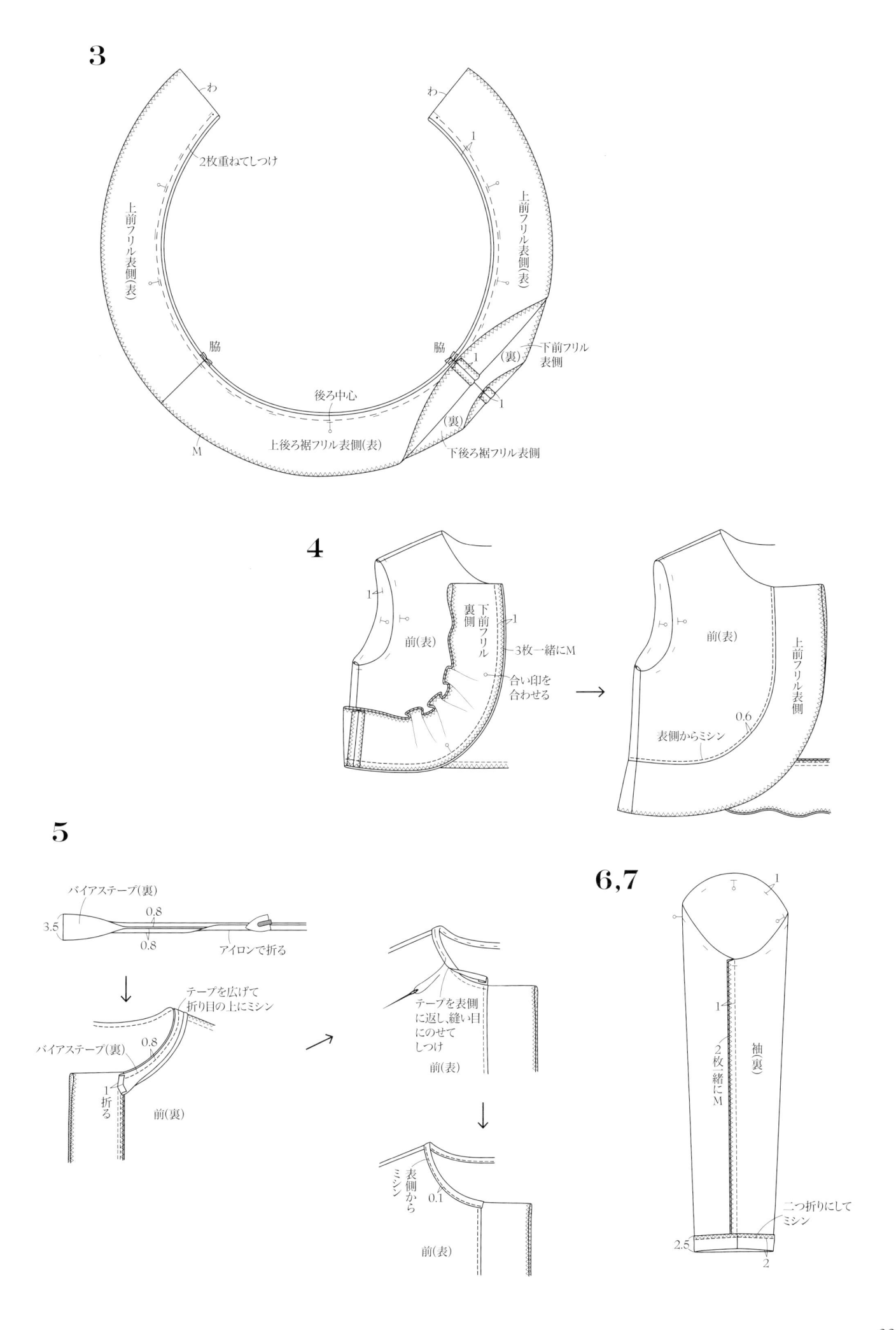

- わ
- 2枚重ねてしつけ
- 上前フリル表側（表）
- 脇
- 後ろ中心
- 上後ろ裾フリル表側（表）
- M
- 下前フリル表側
- 下後ろ裾フリル表側
- （裏）

4

- 前（表）
- 下前フリル裏側
- 3枚一緒にM
- 合い印を合わせる
- 上前フリル表側
- 表側からミシン
- 0.6

5

- バイアステープ（裏）
- 3.5
- 0.8
- 0.8
- アイロンで折る
- テープを広げて折り目の上にミシン
- バイアステープ（裏）
- 前（裏）
- 折る
- テープを表側に返し、縫い目にのせてしつけ
- 前（表）
- 表側からミシン
- 0.1

6, 7

- 袖（裏）
- 2枚一緒にM
- 二つ折りにしてミシン
- 2.5
- 2

y 黒のノースリーブワンピース

実物大パターンA、B面

着丈
7号 101.5cm / 9号 102cm / 11号 102.5cm
13号 103cm / 15号 103.5cm / 17号 104cm

xのボレロと同じ布地で作ったワンピースです。適度な厚みのあるポリエステルジョーゼットは透けないので、一枚で涼しく着られます。110cm幅の布地を使用する場合は2.5m必要になります。

材料
布［ポリエステルジョーゼット］— 148cm幅2m
接着芯（衿ぐり見返し、袖ぐり見返し）— 90cm幅40cm
伸止めテープ（前衿ぐり）— 1.5cm幅70cm

作り方
準備…衿ぐり見返し、袖ぐり見返しに接着芯をはる。
　　　　裾、各見返しの奥にM。

1. 前上身頃にギャザーを寄せて前下身頃と縫い合わせる
   （2枚一緒にM。縫い代は下身頃側に倒す）
2. 身頃の肩を縫う（2枚一緒にM。縫い代は後ろ側に倒す）
3. 脇を縫う（2枚一緒にM。縫い代は後ろ側に倒す）
4. 衿ぐり見返しの肩を縫い（縫い代は割る）、
   身頃と中表に合わせて縫い返す
5. 袖ぐり見返しの肩と脇を縫い（縫い代は割る）、
   身頃と中表に合わせて縫い返す。
   身頃の肩と脇の縫い代に見返しの奥をまつりつける
6. 裾を二つ折りにして縫う

＊Mは「縫い代にロックミシンまたはジグザグミシンをかける」の略

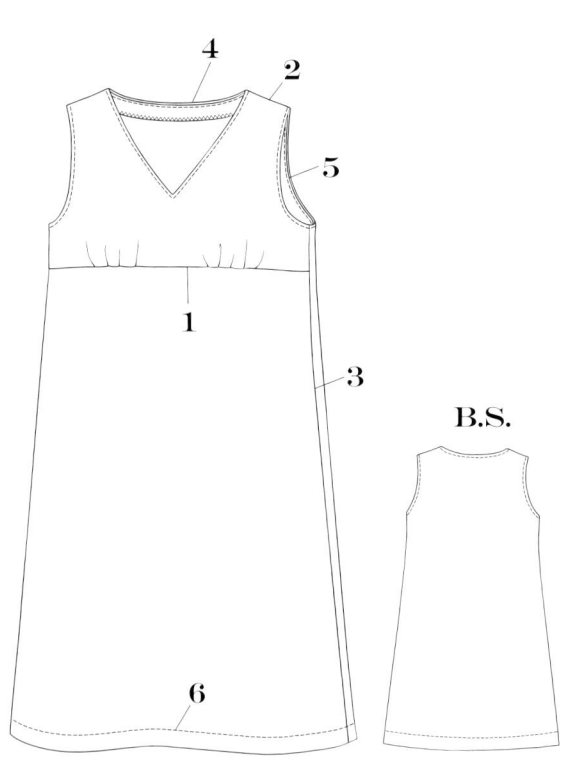

[裁ち方図・ポリエステルジョーゼット]
148cm幅

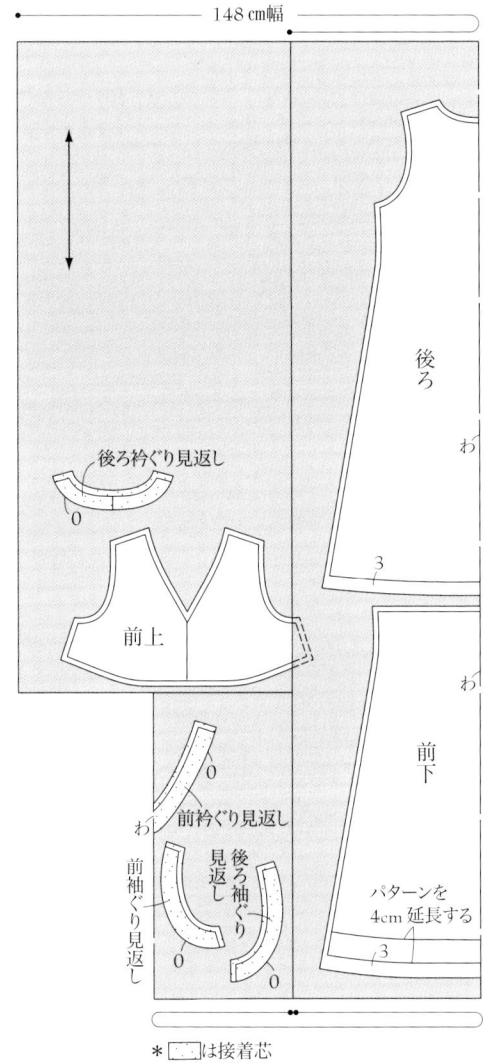

＊ ▨ は接着芯
＊指定以外の縫い代は1

1, 2, 3

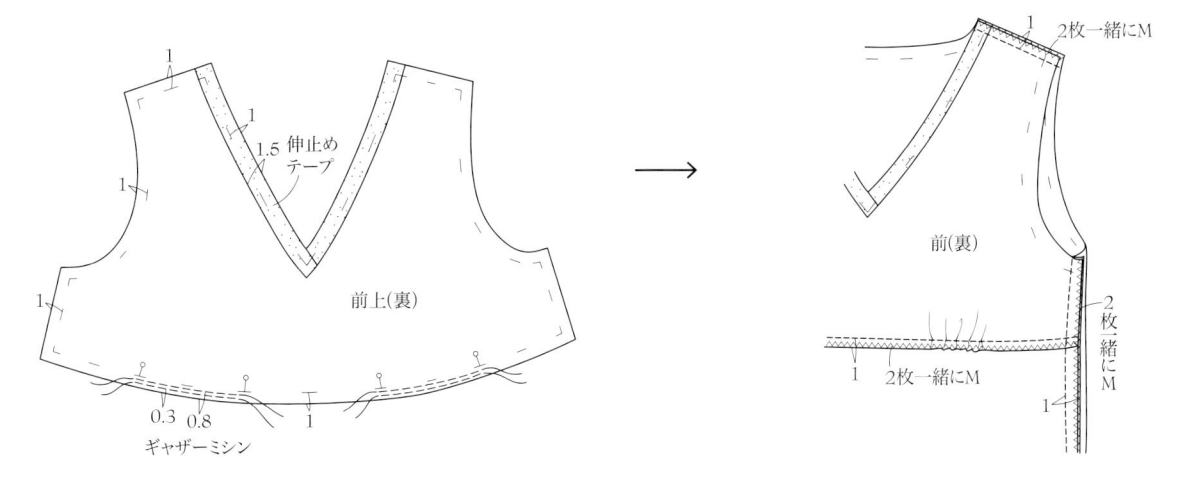

前上(裏)
1.5 伸止めテープ
0.3 0.8 1
ギャザーミシン

2枚一緒にM
前(裏)
1 2枚一緒にM
2枚一緒にM

4, 5

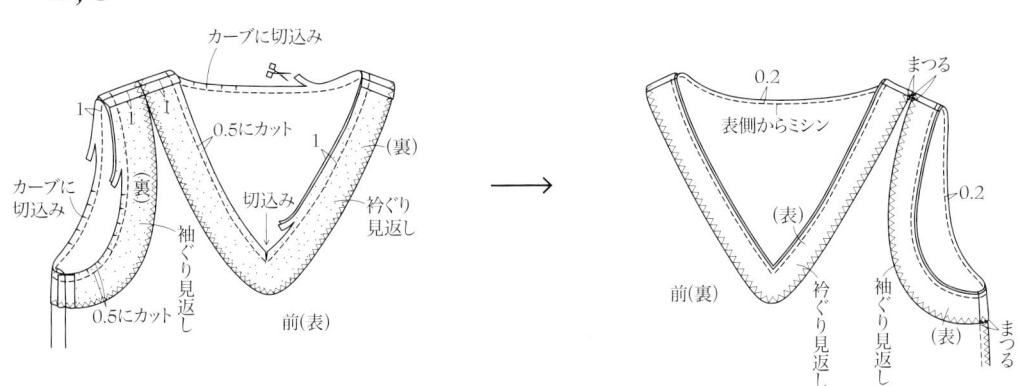

カーブに切込み
カーブに切込み
0.5にカット
1
(裏)
袖ぐり見返し
0.5にカット
切込み
衿ぐり見返し
前(表)

0.2
表側からミシン
まつる
(表)
前(裏)
衿ぐり見返し
袖ぐり見返し
0.2
まつる

6

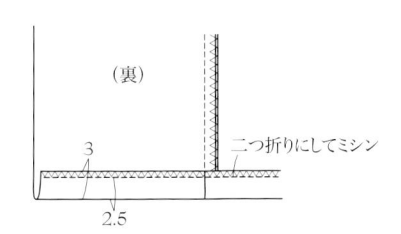

(裏)
3
2.5
二つ折りにしてミシン

z シフォンのロングドレス

実物大パターンA、B面

着丈
7号 131.5cm / 9号 132cm / 11号 132.5cm
13号 133cm / 15号 133.5cm / 17号 134cm

yのワンピースと同じデザインをロング丈にしたものです。一枚仕立てにして、下に黒いロングのアンダードレスを着ています。このようにセットで作っておくとさまざまに着こなしが楽しめます。

材料

布［ポリエステルシフォン］— 112cm幅3.2m
接着芯（衿ぐり見返し、袖ぐり見返し）— 90cm幅40cm
伸止めテープ（前衿ぐり）— 1.5cm幅70cm

作り方

準備…衿ぐり見返し、袖ぐり見返しに接着芯をはる。
　　　各見返しの奥にM。

1. 前上身頃にギャザーを寄せて前下身頃と縫い合わせる
   （2枚一緒にM。縫い代は下身頃側に倒す）
2. 身頃の肩を縫う（2枚一緒にM。縫い代は後ろ側に倒す）
3. 脇を縫う（2枚一緒にM。縫い代は後ろ側に倒す）
4. 衿ぐり見返しの肩を縫い（縫い代は割る）、
   身頃と中表に合わせて縫い返す
5. 袖ぐり見返しの肩と脇を縫い（縫い代は割る）、
   身頃と中表に合わせて縫い返す。
   身頃の肩と脇の縫い代に見返しの奥をまつりつける
6. 裾を三つ折りにして縫う

＊Mは「縫い代にロックミシンまたはジグザグミシンをかける」の略
＊作り方は→p.85

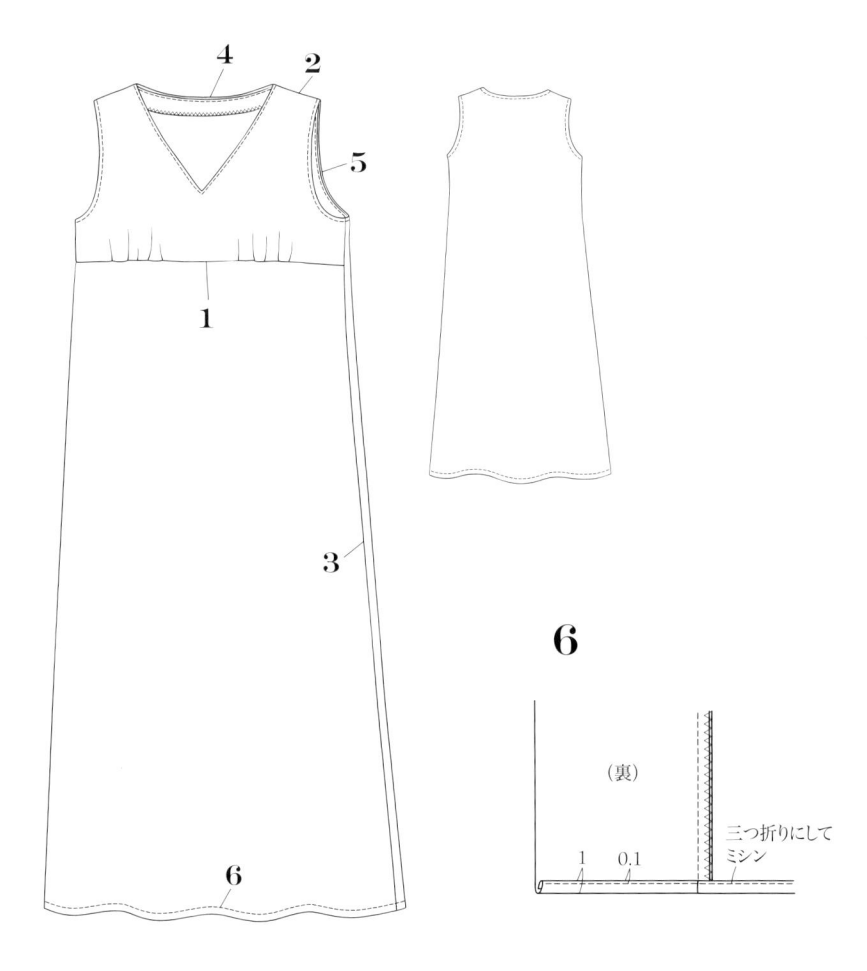

［裁ち方図・ポリエステルシフォン］
112cm幅

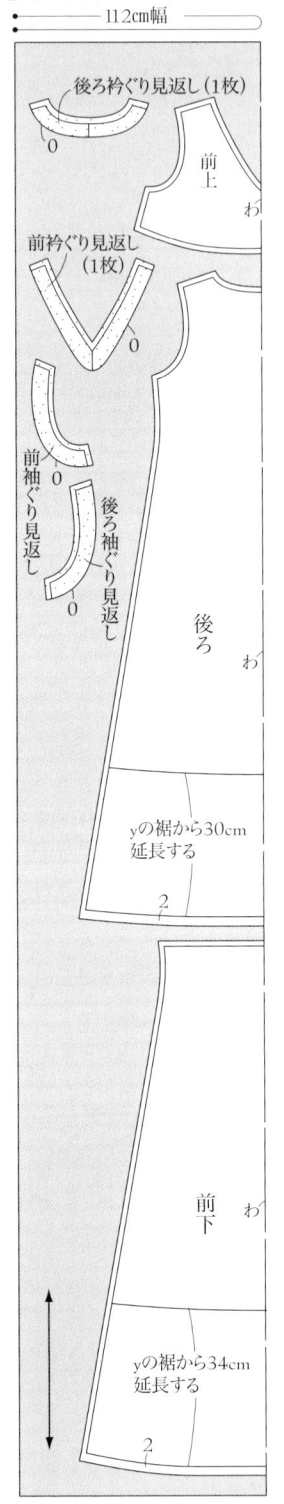

＊□は接着芯
＊指定以外の縫い代は1

z アンダードレス
実物大パターンD面

材料
裏布 — 94cm幅3.2m

作り方
1. 肩ひもを作る
2. 裾を三つ折りにして縫う
3. 前脇のスリット止りから上にM。スリット止りまで脇を縫う
   (2枚一緒にM。縫い代は後ろ側に倒す)
4. スリットを作る
5. 見返しの奥にMをかけて脇を縫う。
   (2枚一緒にM。縫い代は後ろ側に倒す)。
   肩ひもを身頃と見返しの間にはさんで縫い返す。
   身頃と見返しの脇の縫い代を重ねてミシンでとめる

*Mは「縫い代にロックミシンまたはジグザグミシンをかける」の略

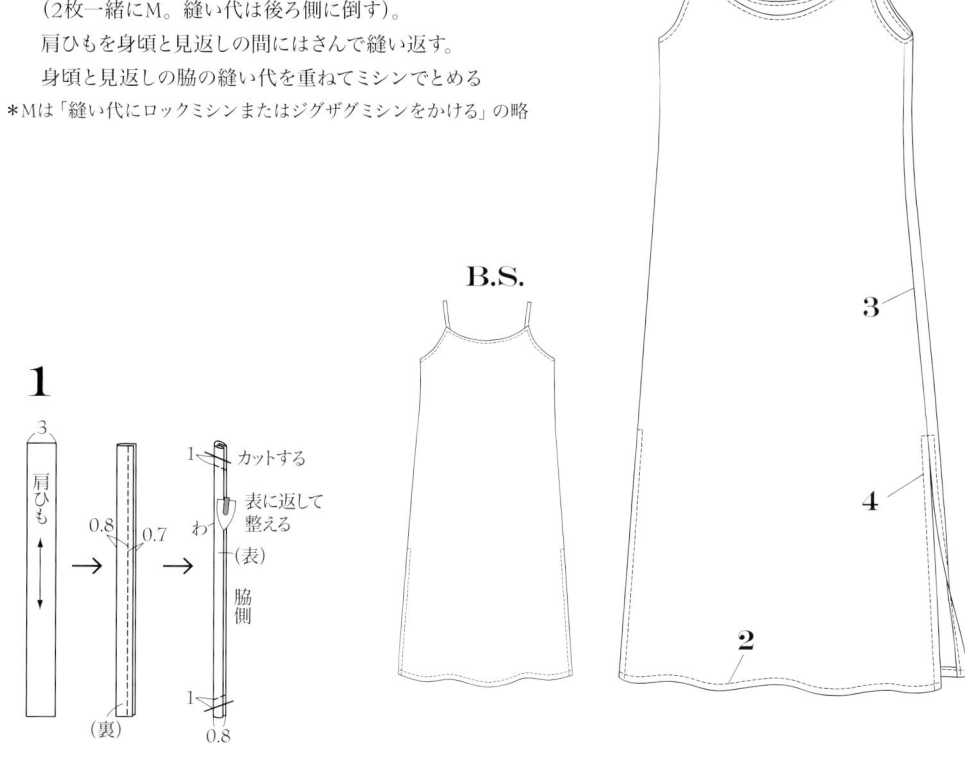

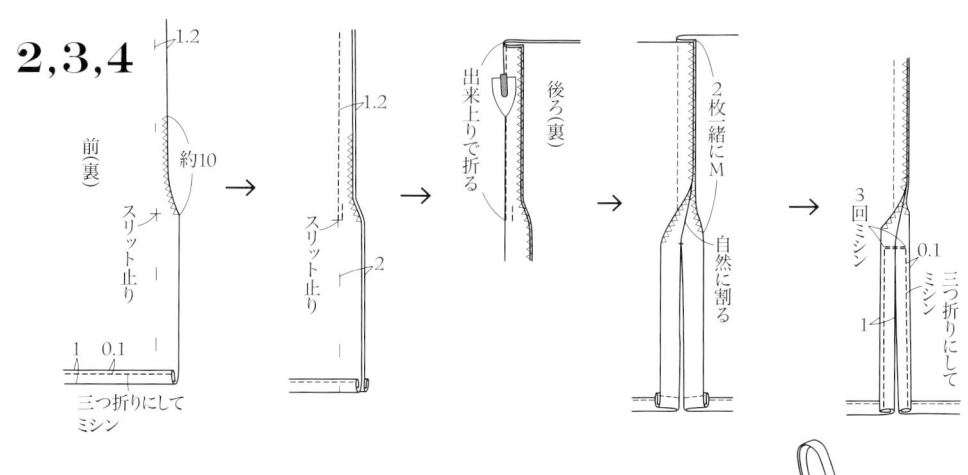

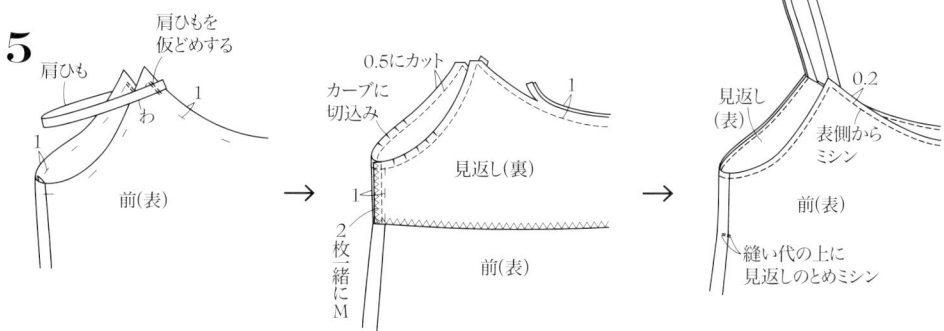

[裁ち方図・裏布]

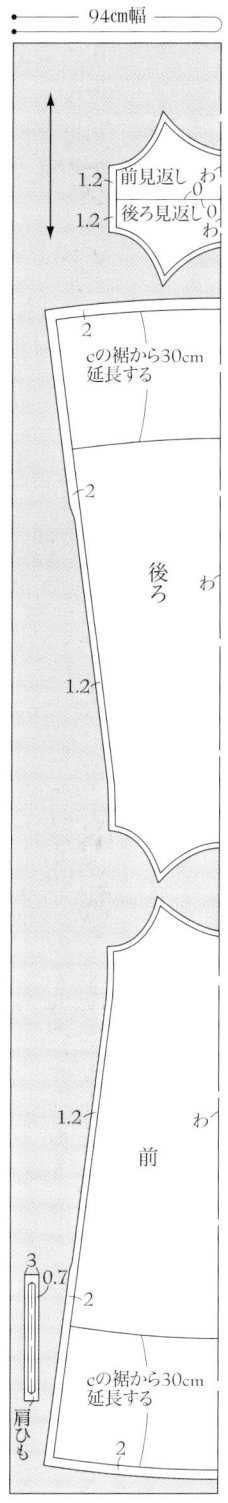

*指定以外の縫い代は1

月居良子 つきおり・よしこ

女子美術短期大学卒業後、アパレル会社勤務などを経て
フリーのソーイングデザイナーに。
赤ちゃん服、子ども服、大人服、小物作りまで得意分野
は幅広く、日本だけではなく、フランスや北欧にまでファ
ンがいて人気を得ている。
著書は『大人のクチュール』シリーズ、『愛情いっぱい、
手作りの赤ちゃん服』（すべて文化出版局）など多数ある。

Staff

装丁、レイアウト	天野美保子
撮影	大段まちこ
スタイリング	川上薫
ヘア＆メイク	廣瀬瑠美
モデル	メリー
トレース	ダイラクサトミ（day studio）
作り方解説	助川睦子
パターングレーディング	小林暁子
パタートレース	アクトエイツー
校閲	向井雅子
協力	山崎舞華
編集	平井典枝（文化出版局）

FORMAL & LITTLE BLACK DRESS
フォーマル＆リトルブラックドレス

2013年2月25日　第1刷発行

著　者　月居良子
発行者　大沼　淳
発行所　学校法人文化学園 文化出版局
　　　　〒151-8524　東京都渋谷区代々木 3-22-7
　　　　tel.03-3299-2487（編集）
　　　　tel.03-3299-2540（営業）
印刷・製本所　株式会社文化カラー印刷

©Yoshiko Tsukiori 2013　Printed in Japan
本書の写真、カット及び内容の無断転載を禁じます。

・本書のコピー、スキャン、デジタル化等の無断複製は著作権法上での例外を除き、禁じら
れています。本書を代行業者等の第三者に依頼してスキャンやデジタル化することは、たと
え個人や家庭内での利用でも著作権法違反になります。
・本書で紹介した作品の全部または一部を商品化、複製頒布、及びコンクールなどの応募作
品として出品することは禁じられています。
・撮影状況や印刷により、作品の色は実物と多少異なる場合があります。ご了承ください。

文化出版局のホームページ　http://books.bunka.ac.jp/
書籍編集部情報や作品投稿などのコミュニティサイト　http://fashionjp.net/community/

布地提供

大塚屋
(p.5、11、15、16、17、19、21、24、25、28、30、31、32)
名古屋市東区葵3-1-24　tel.052-935-4531
http://otsukaya.co.jp

オカダヤ新宿本店
(p.4、10、13（参考商品））
東京都新宿区新宿3-23-17　tel.03-3352-5411
http://www.okadaya.co.jp/

スワニー
(p.22、29)
神奈川県鎌倉市大町1-1-8　tel.0467-25-4911
http://www.swany-kamakura.co.jp/

丸十
(p.6、7、8、12、14、20、23、26、27)
福岡市博多区上川端町11-275　tel.092-281-1286
http://www.maru10.jp

ユザワヤ 蒲田店
(p.18)
東京都大田区蒲田8-23-5　tel.03-5734-4141
http://www.yuzawaya.co.jp/

撮影協力

背景の布地
マナトレーディング
ウィリアム・モリス (p.11、13、25、19、22、27、29、32)
マナテックス (p.1～10、12、14～18、20、21、23、24、26、28、30、31)
東京都目黒区上目黒1-26-9　中目黒オークラビル4F
tel.03-5721-2831
http://www.manas.co.jp/

Aquvii
aoki yuri (p.4のイヤーカフ)、better skull（裏表紙のネックレス）、
Hi corazon (p.26、27のリング)、
Jackson Niche (p.6のブレスレット、ピアス)、
richado (p.17のブレスレット)
tel.03-3462-5044

AWABEES
tel.03-5786-1600

アーバンリサーチ 渋谷ヒカリエ シンクス店
SABRINA DEHOFF (p.32のネックレス、リング)、
recile boccara (p.24のピアス)、repetto (p.19の靴)
tel.03-6434-1476

アーバンリサーチ ドアーズ ルミネ新宿店
MIRIAM HASKELL (p.22のピアス、ブレスレット)
tel.03-6304-5871

アーバンリサーチ ロッソ ルミネ新宿店
MIRIAM HASKELL (p.22のピアス、ブレスレット)
tel.03-6304-5871

CARBOOTS
(p.8、28のイヤリング、p.10、18の靴、p.13のブローチ)
tel.03-3464-6868

naughty
(p.14のネックレス、p.17のバッグ、p.25のブローチ)、
la fleur (p.10のブローチ)、m.soeur (p.19、20のイヤリング)
tel.03-3793-5113

olgou
(p.16のスカーフ、p.17の帽子、p.28のバッグ)
tel.03-3463-0509

plus by chausser
(p.6のブーツ、p.20の靴)
tel.03-3716-2983